生活認真 09

你不是運氣不好是不懂提升好運

調整你的內心和思維，
從日常生活做起，就能改變運氣

CONSCIOUS LUCK

eight secrets to intentionally
change your fortune

GAY HENDRICKS ✤ CAROL KLINE

蓋爾・亨崔克斯、卡蘿・克萊——著
龐元媛——譯

國外好評推薦

這本書幫你寫下自己的完美結局。

——Debbie Macomber 《紐約時報》暢銷書作者

你若想擁有更好的運氣，一定要看這本書！好運並不如你所想像的偶然。這本書介紹的祕訣，能幫助你更快達成夢想。

——Jack Canfield 《心靈雞湯》共同作者

這本書完全顛覆你對幸運的想法！精采的內容讓你讚嘆，更是一本教你在人生創造更多好運的實用指南。我衷心推薦！

——Marci Shimoff 《快樂，不用理由》作者

這本書有多獨特，力量就有多強大，從各種角度，包括身、心、靈，以及行為，解

析幸運這回事。書中的勵志故事都是真實經驗，驗證了自創幸運的原則。

——John Gray　《紐約時報》暢銷書《男人來自火星，女人來自金星》作者

這本書提出一種全新的幸運典範。兩位優秀的作者告訴你，不要被動等待幸運找到你，而是要改變你對於幸運的核心觀念，將輕鬆簡單的練習納入你的日常生活，自己創造幸運。幸運人生正在等著你。

——Arielle Ford　《愛情的吸引力法則》作者

蓋爾．亨崔克斯與卡蘿．克萊是每個人都需要的幸運導師！他們的新書有勵志的真實故事，也有簡單實用的練習，雙管齊下幫助你創造更幸運的人生。這本書就是你該送給自己的幸運禮物。

——Katherine Woodward Thomas　《紐約時報》暢銷書《7週遇見對的人》作者

你閱讀，吸收，運用這本書告訴你的祕訣，人生就會充滿正向轉型的能力！

——Mark Victor Hansen　《有錢人就是這麼想》共同作者

我堅信目標明確、堅持到底就會成功。再加上自創幸運的能力，你的成長與幸福就會直線上升。這本書會翻轉你的人生。

——Jeff Olson　Neora 創辦人和 CEO

幸運不只是機遇而已！這本書要告訴你實用的方法，主動在人生種植好運。關鍵在於你的核心觀念與日常習慣。

——Dr. John Douillard　運動醫學權威、《讓阿育吠陀重啟消化力》作者

今天是你的幸運日！兩位作者蓋爾．亨崔克斯與卡蘿．克萊與你分享擁有成功、富足、和諧人生的祕訣。這本書要告訴你，你缺乏哪些吸引好運的因素，讓你的人生各方面充滿好運。

——Peggy O'Neill　職場共融與賦權策略師

這本書告訴我們，只要養成幾種日常習慣，遇見好運的機會就會大幅增加。想要創造夢想人生的人，都應該看看這本書。

——Tina Seelig 《真希望我20歲就懂的事》作者、史丹福大學教授

我看這本書的時候，心中也難免存疑。但我依循書中的練習，才幾天就經常拿到最好的停車位，我就相信啦！養成「創造好運」的習慣，你的人生就會不一樣！

——Laura Berman Fortgang 《現在該怎麼做？》作者

我知道這本書會改善每一位讀者的人生。強烈推薦！

——Neale Donald Walsch 《與神對話》書系作者

那些熱中於精神視覺化和意向性如何創造「更豐富的」人生的讀者會喜歡這本書。

——《出版人週刊》

引人入勝、深思熟慮、發人深省、富有洞見、實用，且全書的組織和述說方式非常好懂，這是自我成長類書籍中很獨特的一本書。

——美國中西部書評

獻給凱蒂，謝謝妳四十多年來證明了我是世上最幸運的男人

獻給我的先生賴瑞，我此生最幸運的選擇

目次

第一部　邀請你改變人生

第二部　四大基礎祕密：從核心改變你的運氣

第三部　四個日常生活的祕密：每天做的轉運練習

第四部　繼續前進

販售你的聰明，投資驚奇。

——魯米

幸運是做好準備與遇上機會的綜合體。

——據說是塞內卡說的

第一部
邀請你改變人生

作者序

很重要，一定要看！

這本書有段很有意思的幕後故事，是則很幸運的故事！

蓋爾：二〇一二年我寫完這本書的初稿，寄給我的朋友卡蘿・克萊。她是作家也是編輯，我請她給些建議。卡蘿看了書稿很喜歡，但她覺得需要大量編輯，還要增添一些內容，才能達到適合出版的程度。那時我正要開始寫自己超喜歡的偵探小說，因此決定要全心投入，暫時擱置這本《創造好運》。這一擱置就是幾年。我跟卡蘿都住在南加州的同一個小鎮，我每次遇見卡蘿，她總免不了問我打算怎麼處理《創造好運》書稿。我每次的回答都一樣：不處理，至少短期內不會處理。後來在二〇一七年三月的某一天，卡蘿跟我在小鎮的一家雜貨店巧遇，又講了一次同樣的話，接著就分道揚鑣。那天下午，卡蘿又打電話給我……

卡蘿：那份書稿讓我魂牽夢縈。從我讀到的那一刻起，我就很認同「創造好運」的概念，也喜歡蓋爾所寫的內容。我常常想起那份書稿，總覺得應該讓更多人讀到。問題是我很忙，蓋爾也很忙，感覺書稿好像只能就此埋沒。後來在二〇一七年三月的那一天，我在市場遇到蓋爾，有一個奇異的念頭從我內心深處浮現。我要打電話給蓋爾，建議由我跟他一起完成這本書。我對自己說：**這也太荒謬了。他想出版可以自己完成**。但我也覺得沒什麼大不了，頂多就是被他拒絕而已。

結果他沒有拒絕，所以就有了你手上的這本書。蓋爾和我都覺得好幸運，真幸運，超幸運，能一起完成這本書。我們知道你看了這本書，也會很幸運。

蓋爾：這本書的前半（至第三章）是我很多年前寫的原版書稿，內容經過編輯，也有一些更新。大多數是第一人稱的表達方式。第四至第八章是我與卡蘿一起完成的，是從「我們」的角度表達。除了我的故事之外，還有卡蘿與其他人以第一人稱撰寫的故事。卡蘿以及我們訪問的對象，在這本書的寫作過程分享各種觀點與經驗，我看了很喜歡，對於結果也是滿意到不行。祝大家閱讀愉快！

蓋爾・亨崔克斯與卡蘿・克萊

二〇一九年七月

序言

徹底的新道路

所有的運氣，無論好運還是厄運，都是心靈在發揮看不見的力量，應對人生的大事小事，是心靈的能力與習慣所發揮的效應，雖然看不見，卻確實能起作用，也會衍生各種問題。

——詹姆斯・維拉・布雷克，《文集》

你的人生即將改變。

你的意識即將有重大改變，正如你第一次學會說話，學會聽懂別人說話那樣重大。這種轉變會開啟許多你從前不敢奢望的可能性。

「徹底」的英文字radical源自拉丁字，是「根」或「核心」的意思。所謂徹底改變，意思是改變一個人的核心。這本書就要告訴你，如何完成這種等級的改變。

你追求人生目標的方式，可能缺少一個重要的關鍵。我自己，還有我共事過的許多人，都缺少這個關鍵。所以即使你缺少，也有不少人與你同病相憐。太多太多天資聰穎，努力踏實的人，錯過了一條非凡的道路，無法邁向豐沛財富與和諧人生，僅僅是因為沒有在正確的地方尋找。希望你能與我一起，用心找出正確的地方。花點時間全神貫注在這件事上，你會獲得受用一生的寶藏。

科學家用了很久的時間才了解，海水的漲潮、退潮，都是由二十五萬英里之外一種看不見的力量主宰。如果你跟我一樣，那你大概也要花一點時間，才能解開關於你人生的類似謎團：**你所經歷的看得見的結果，來自你內在那些看不見的力量。**

我在成長過程中，有幾次略略領教過這個謎團原則的力量，但我一直到二十幾歲，才終於發現其中的原理，也才明白該如何應用在我的人生。

美國心理學之父威廉．詹姆斯說過一句名言：「我這個世代最偉大的發現，是一個人改變心智的態度，就能改變他的人生。」

我們就從「改變心智的態度」開始，改變我們的心智對於「如何達到心靈、情緒、身體，以及財務上的富足」的態度。想要成功經營人生的各領域，必須先有正確的觀念，還要努力實踐。但是光憑正確的觀念與堅持，往往不足以實現目標。坦白說，有時候這兩者甚至不是成功最主要的因素。我們往往會忽略一個重要因素，也就是看不見的力量的其中之一。我寫這本書的目的，就是要告訴你這個因素究竟是什麼，你又該怎麼做。

這個常常為人所忽略的重要因素是什麼？是運氣，沒錯，就是運氣。多數人大概連想都不會想到這個，因為我們不知道運氣是可以改變的。我們覺得運氣來自外部環境，是偶然降臨在我們身上。幸運不幸運，完全不是我們自己所能掌控。這種想法不正確。無論是好運或是厄運，總是會帶有隨機的成分，但很多運氣是**可以**改變的，而且可以迅速改變，只要你採取一些有意識的行動。

你想活得更健康，必須睡眠充足、飲食均衡、補充水分、定期運動，同樣的道理，改善運氣也要依循一套規則。這一套規則就是我們所謂的自創幸運（Conscious Luck）的祕密，也是接下來要介紹的主題。實踐這一套規則，你的運氣就會更好。況且改善運氣比更加努力更輕鬆。

史丹福大學管理科學與工程學系的緹娜・西利格博士，從另一個角度分析我們創造好運的能力。她說，重點在於「要知道運氣多半並不是被雷打到那麼稀奇，而是一陣經常吹起的風……你要用細微的行為架起船帆，把握（風一般的運氣）。」

一百多年前，印度詩人泰戈爾也說過類似的話：「幸運之風經常吹起，但你必須迎風揚帆。」

在這本書中，卡蘿與我會細細說明，如何養成自創幸運的能力，如何刻意改變你的運氣。

如果你不相信運氣是可以改變的，那很多人與你有同感。我第一次意識到這種可能，心裡也確實存疑，但現在的我完全相信，因為我自己就曾經運用過我們即將向你介紹的自創幸運的祕密，為我自己創造不少好運。更重要的是，我曾與世界各地成千上萬人合作，幫助他們執行策略，在無奇不有的情況中達成目標。我也親眼看見他們學會了自創幸運的祕密之後，徹底翻轉了人生。你在這本書會看到幾則故事，能證明這種神奇的力量。

但無論你看過或聽過多少故事，最終的關鍵還是你要改變自己的運氣。你、卡蘿還有我，要透過這本書完成這個目標。如果你**真心**希望改變自己的運氣，我們就一起努力，在你的人生中創造真正的，看得見的奇蹟。

這本書要介紹八個祕密，幫助你有意識地改變你的運氣，具體來說是要讓好運在你這個人的體內扎根。也許你還不知道，其實你可以將自己改造成一個非常幸運的人，接下來我們就要告訴你具體的方法。

第一至第四個祕密，是要幫助你改變你的核心，打下「自創幸運」的堅實基礎。第四至第八個祕密，是建立在這個基礎之上的日常實踐，將核心的改變，轉化為能提升運氣的習慣。

第一個自創幸運祕密，是你必須真心承諾，要刻意改變你的運氣，創造富足的人生。

承諾是很重要的，你才能真正成為自創幸運的一份子，全力實踐這本書所介紹的強大原則。若是沒有承諾，就不過是坐在一旁觀戰而已。在足球之類的球賽，坐在看台上為別人吶喊助威，也挺有意思的。但若要創造好運，當個看客就沒什麼意思。這個過程真正的樂趣，在於全力以赴，全程都要用心，要有勇氣。

你許下承諾，有了新觀念，就能使用第二個自創幸運的祕密，重建你與生俱來的好運。你跟世上的每個人一樣，天生擁有吸引好運的強大力量。然後你就像世上的每個人，受到家庭的思想、感覺與需求影響，再到後來，你可能會受到社會的集體思想影響，也認為運氣是一種固定的外部因素。你一而再，再而三受到家庭與社會的觀念影響，開始依循**他們**的思想，相信**他們**的觀念，仿效**他們**的行為。這其實很正常，即使受到過往的設定影響，也不需要太自責。

你唯一該做的，就是承認你吸引好運的能力，受到來自各方面的過往設定影響。你承認這一點，就能安裝新的設定，重拾你天生的好運。

重拾你與生俱來的好運，就等於打開一扇門，邁向第三個自創幸運的祕密：學會將你內心的羞恥感，變成吸引好運的磁場。大多數的人從小就被灌輸羞恥感。羞恥是一種強大的力場，能影響你的人生經歷。我們都必須知道，這個力場是可以改變的，可以轉向新的目標。只要依據「第三個自創幸運的祕密」所提出的步驟，稍微調整你的內心，你會感覺到體內的羞恥感一掃而空，化為你吸引富足與好運的力量。

第四個自創幸運的祕密要告訴你，你的目標如何改變你的運氣。懷抱需要全副心靈投入的目標，達成之後對你自己，對其他人都有益，這種目標就很值得好運眷顧。在第四章，你會學到如何訂出值得幸運降臨的目標，吸引其他人的支持，締造更大的成就，而且追求過程也會有趣多了。

完成了這些核心的轉變，接下來就可以學習四項「日常生活的祕密」，也就是**你每天要做的練習**，包括大膽行動，留心你人生所受到的影響，忠於自己，依循內心的聲音，以及培養真心的感恩與欣賞能力。這些「日常生活的祕密」非常簡單。你若能日復一日勤勞實踐，最後會形成永遠延續下去的習慣，成效會特別明顯。

進度檢查

我們先暫停一下，看看目前的情況。

這本書你看到現在，會不會覺得好奇？有沒有得到一絲一毫的鼓舞？你是否準備好要認真改變你的運氣？要誠實回答。這三個問題只要有一題的答案是「否」，就代表這本書可能不適合現在的你。這並不代表你或是我們的方法有問題，純粹只是目前的你不適合我們的方法。我們就暫且和平分手，互相祝福。

如果你還在看這本書，那就代表你即將踏出改變運氣的一步，也將改變你的人生。這是很重大的一步，所以你可能會想先清空「心靈」，深呼吸幾次，再開始進行。也許先來杯茶，或補充點營養。

準備好了嗎？這就開始嘍。

前言

如何改變你的運氣：我的故事與你的故事

曾以為運氣純粹是運氣，沒什麼特別
降臨的方式、時機、地點、緣由全無分別
但幾年前我改變想法，現在我發覺
運氣跟其他東西一樣，有點像科學

——尤金．菲爾德，「老手如何勝出」
摘自《尤金．菲爾德詩集》

我是我所認識的最幸運的人之一。不過我並不是一直都最幸運。有一陣子我的運氣一點都不好。後來我刻意選擇要做個幸運的人，等一下我也會邀請你做同樣的選擇。從我做決定的那一刻起，我的人生便開始好轉，而且一直持續好轉，不曾中斷。我希望你也一樣。

如果你也想成為最幸運的人，就要認識第一個重要概念：

要創造生活各層面的富足，最簡單的方式就是改變你的運氣。知道你能刻意改變自己的運氣，是你最有價值的資產之一。

成功人士往往出奇幸運。在寫這本書的過程中，我問許多生活優渥的人士，覺不覺得自己幸運。他們的答案包括「沒錯！」、「真的是耶！」。沒有一個人說「不是」。

所以不妨思考一下這個有點激進的想法：想要擁有更多的財富與和諧，最簡單的辦法就是提升運氣。即使你已經享有好運，只要刻意創造更多好運，還是可以大幅提升你的運氣。我們會運用一個特定的流程，幫助你達成提升運氣的目標。我在過去四十年來與很多人合作，改良這個流程，真的能發揮神奇的效果。你不相信我的話也沒關係。因為你在這個流程中，會感覺到身體與精神的運氣同時好轉。然後你會漸漸看見外部的效應，證實內部的轉變所能發揮的力量。你就再也不會質疑這個流程對你來說是否有效。

當個幸運的人與運氣無關

如果你認為運氣始終只是運氣，我只能對你說「祝你好運！」但是……如果你能接受不同的觀念，你就能為你的人生創造真實奇蹟。

你願不願意從另一角度思考運氣？

你願不願意接受「運氣是一種有意識的選擇」的想法？

如果你願意這麼想，你的人生即將滿載而歸。我知道很多人運用我的方法，改善他們在賭場、牌桌上的運氣。我覺得這也無所謂。但我真正感興趣的，比在賭場、牌局所能贏得的重大許多。我想做的，是幫助你改變你人生的運氣，人生的頭獎是愛、金錢，還有真正的成功。

也許你覺得你不可能做到我說的這些。會這樣想完全正常。坦白說，我還寧願你在實際體驗之前，至少先對我說的話抱持一點懷疑。現在我只希望你能想想，我說的話可能是正確的。等到大量證據開始湧入，你再自己決定。

我如何發現幸運的祕密

要是認為自己厄運纏身，就會自行創造厄運……要是認為自己非常幸運，相信世界是個慷慨的地方，充滿可信賴之人，就會生活在這樣的世界。

——克里斯．普倫提斯，《酗酒與酒癮治療》

有些人天生幸運，我卻不是。我從小在佛羅里達州中下階層社區的小屋長大。我媽有個七歲大的兒子，我還在媽媽肚子裡的時候，我父親在三十二歲那年突然去世，留給我媽三百美元，還有一台還沒付清的別克汽車。我童年時期的幸運之處，是我的祖父母就住在同一條街上。在我剛出生的那些年，生活動盪不安，我媽努力站穩腳步，大部分的時間我都是跟祖父母在一起。家人之間感情很好，但經濟相當拮据，每個人幾乎全靠薪水度日。

有一天發生了一件神奇的事情，我這才明白運氣真正的運作方式。我始終忘不了那一刻。我成為臨床心理師之後，也經常運用我從這件事情學到的東西，幫助別人解決問題。事情的經過是這樣的，我十四歲那年的某一天，跟朋友丹尼一起看下午場電影。不知為何，電影院在開演之前舉辦抽獎活動。我們只要在票根背面寫上姓名，就有機會贏得一只全新的手錶。

得獎票根抽出的前一刻，丹尼傾身過來對我說：「你仔細看吧，我一定會抽中！」接著戲院經理將手伸進裝著幾百個姓名的爆米花桶，**看了看手上的票根，竟然就喊出丹尼的名字！**我超驚訝的。後來我問丹尼，怎麼知道自己會中獎？他說，他的運氣很好。他還對我說，每次遇到抽獎，或是其他跟運氣有關的活動，他幾乎都會中獎。我問他是不是天生運氣好，他笑了。

「不是，」他說，「我發覺有些人很幸運，有些人不是，所以有一天我改變想法，決定要做個幸運的人。」這就是我們所謂的「心態」。根據正向心理學研究，心態是運氣的重要決定因素。研究顯示自認為幸運的人，遇見幸運的機率就會大增。

丹尼又淡淡說道：「改變自己的想法，做個幸運的人，要比繼續不幸輕鬆多了。」

我聽見這句話，心裡想道：**他可以做個幸運的人，我也可以。**丹尼是個好孩子，但並沒有與眾不同的地方。我知道我也有能力改變自己的心態，吸引好運降臨。

接著我靈光一閃：我的家人就是因為不覺得自己幸運，所以才運氣不好。他們覺得自己認真工作，勉強度日，所以就一直過著這樣的生活，就一直勉強度日。認真工作，勉強度日並沒有什麼不對，但我希望我的人生不只這樣。我生在運氣不好的環境，父親去世，母親艱難度日，但法律沒有規定我不能塑造一個全新的自我。我覺得宇宙才不在意我的運氣好不好。我父母的際遇純粹是巧合。雖然我在成長過程中，始終籠罩在不幸當中，但宇宙並沒有規定我必須永遠抱持這種態度。

那天我看完電影走路回家，決定要改變我對自己的想法，要把自己當成一個幸運的人。我純粹就是決心要做個好運的人，我要抽中手錶，而不是坐在抽中手錶的人旁邊。在此之前，幸運不會敲我的門。在那之後，幸運會上門慶賀。從此我就一路幸運到現在。

立即的回報

現在你聽聽看我所得到的回報。我在電影院遇見耶穌顯聖的一個禮拜之後，有一天我在附近的雜誌店翻翻看看，打發時間，等那家電影院的泰山電影開演。雜誌店的老闆奈德很喜歡蒐集錢幣，店裡還為稀有錢幣的蒐藏家開設專區。當時的我才開始蒐集錢幣，漸漸開始著迷。我發覺奈德在稀有錢幣專區，跟一位老先生說話，但我也沒太注意。

過了一會，我離開雜誌店去看電影。我走出大門，看見人行道上有個看起來很昂貴的公事包，就擺在停車收費器旁邊。我在街上四下張望，尋找公事包的主人，卻沒半個人影。我拿起公事包，回到雜誌店，問奈德知不知道這個公事包是誰的。奈德的眼睛瞪得老大，整個人幾乎要撲過來。原來公事包的主人，就是我剛剛在店裡看見的老先生。奈德說，老先生是知名的錢幣交易商，公事包裡面裝著他剛才跟奈德聊起的錢幣。老先生走出雜誌店，顯然是先把公事包放在地上，把零錢投入停車收費器，然後就離去，忘了拿公事包。

奈德跑出店外，看見老先生的車子還停在原地，就請我到轉角的餐廳看看，說不定老先生是吃午飯去了。但我要看的電影快開演了，所以我只好告罪離去，前往電影院。

後來我才知道，我在看《泰山、珍與獵豹》的時候，外頭大鬧了一場。錢幣交易商在餐廳用餐，突然發現公事包不在身邊，以為是被餐廳的人偷走，一場嚷亂就此爆發。老先生打電話報警，把餐廳的門全都鎖上，因為他覺得有人趁他在用餐時偷走公事包。搜查餐廳沒能找到公事包，於是老先生回到奈德的店。奈德後來對我說，老先生看起來心臟病快發作了。奈德讓老先生與公事包團圓，原來公事包裝著價值幾十萬美元的稀有錢幣與郵票！奈德對老先生說，是我把公事包拿到店裡。他後來對我說，老先生感激涕零，想酬謝我。

他們又開始另一波的尋找，這次要找的是我！奈德忘了我就在一條街之外的電影院看電影。電影結束後，我慢慢晃回奈德的店，完全不知道我已成了英雄。奈德看見我走進店裡，馬上衝上前問道：「你到哪裡去了？我們到處找你。」他跟我說了事情經過。

當時錢幣蒐藏家已經離開，踏上幾小時的路程，要回到他在坦帕附近的家。到了隔天，我的事蹟還出現在本地報紙上的小標題。那篇報導歌頌我拾公事包不昧的美德。幾天後，我收到一份禮物，是奈德在店裡轉交的，一套價值幾百美元的珍藏錢幣，現在的價值大概是幾千美元。當時的我從未見過這麼多錢。

我不禁想起，這一切是在我改變想法，進而改變運氣不久之後就發生。當然也有可能是巧合，但我之前從未遇見過類似的事情。在我的幸運經驗當中，這次的事情是很明確的轉捩點。後來我發現，我是碰巧遇到了其他幾個「自創幸運的祕密」，你很快也會學到這些祕密。

錢幣店的事件，只是我人生中連串好運的開端。還有另外兩個幸運事件。

我在一九七〇年代初，是史丹福大學的研究生，當時的我很想幫助兒童降低測驗焦慮。我設計了一門小型課程，包括放鬆練習與導引視覺化，幫助孩童在測驗期間保持放鬆與專注。有一天我碰巧遇到心理學家吉姆，他在史丹福一間離我很近的辦公室工作。我們聊起各自在進行的研究。聊著聊著我就說起我想寫一本書，要彙集最有效的舒緩焦慮練習。我對吉姆說，我想自行出版，賣給小學老師。他說他有更好的主意。

吉姆說，他是普林帝斯霍爾出版社的書探。他叫我寫一份出版提案，他會拿給出版社看。我連忙衝回我的辦公室，問系上的祕書，我能不能在她下班後，借用她的 IBM Selectric？那台機器當時是打字機中的勞斯萊斯，因為具有改正錯誤的特殊裝置。她答應了，我等她下午五點一下班，就坐上她的位置，熬了一整個晚上把出版提案寫出來，三個星期後收到大型出版社的出版合約，我取的書名叫做《專注手冊》。我拿到八百美元的預付版稅，並不算特別多，但在我省吃儉用的研究生生涯當中，已經算是一筆大財。書在一九七五年出版之時，好運再度以最神奇的方式，降臨我的人生。

我在那本書介紹幾種適合兒童的簡單伸展練習，是我參考一本古老的瑜伽書改編而成。這些練習完全沒有宗教成分，但是書一出版，就有幾個極右基本教義派團體強烈抨擊，主張查禁這本書。他們認為瑜伽是一種印度教的教派，對兒童有害，還說我蓄意將東方神祕主義傳入校園。我聽見這話真是目瞪口呆。我純粹就是想幫助兒童在課堂上放鬆心情，保持專注而已。還有一個右翼團體把我列入「美國史上兩百五十位最危險的思想者」之類的名單。名單上有不少我非常仰慕的人物，能與他們齊名，真是三生有幸。我記得美國哲學家約翰．杜威也在名單上，還有領導美國控制生育運動的瑪格麗特．桑格、大發明家愛迪生，以及美國開國元勛傑弗遜！印第安納州的一個團體也趕上這波潮流，將《專注手冊》連同許多教育類書籍一併焚燬，美國教育家喬治．倫納德的經典《教育與狂喜》也在其中。

如果有寫作的人看見這個故事，請聽我一言：要想盡辦法讓你寫的書被極端份子「查禁」！如果可以，至少在書裡寫一句能讓這本書被焚燬的話。我的親身經歷可以證明，書被焚燬是最好的宣傳。出版社原本估計《專注手冊》一年會賣個一萬本（所以只捨得給我八百美元預付版稅！），沒想到書被「查禁」焚燬之後，銷量竟然一飛沖天。出版第一年就賣出六萬本，以教育類書籍來說是非凡的成績，往後二十年也都有一定的銷量。

普林帝斯霍爾最終出版了六本我寫的專注系列叢書，但最大的幸運還沒出現。《專注手冊》讓我得以結識我後來的妻子凱蒂，我們結婚已經將近四十年。凱蒂是舞蹈動作治療師，買這本書在課堂上教學用。她買了這本書的幾年之後，看見一張活動海報，宣傳我即將在附近的演講。她是第一位報名者！那次的演講，我與她隔著人海四目交會，隨後我們敞開心扉聊了不到一分鐘，就敲定了午餐約會，最後決定共度一生。僅僅是這一點，我就認定我是世上最幸運的人。

在我身為臨床心理師與諮商心理師的職業生涯當中，經常說起丹尼的手錶，還有錢幣蒐藏家的故事，證明運氣是可以刻意改變的。越來越多人因我的幫助而改善運氣，我也依據他們的經驗，進一步提升這些概念。

基於這些經驗，我相信八大祕密能幫助大家迅速改善運氣。接下來我要與你分享「自創幸運的祕密」，就像你和我面對面坐在我的辦公室一樣。只要你徹底學會這些祕密，你會發現你的運氣，還有你的人生，都會出現驚人的變化。

我們現在就開始。如果你做好準備，又有意願，我們就進入第二部分，看看第一個自創幸運的祕密，開始改善你的運氣。

第二部

四大基礎祕密：從核心改變你的運氣

1 第一個祕密
承諾要做VLP（非常幸運的人）

運氣是自己創造出來的。

——布魯斯．斯賓斯汀，「幸運鎮」

現在要請你集中注意力，接下來這句話一定要看進去：**你有意識地承諾要做個幸運之人的那一刻，你的運氣就已經改變**。

在你有意識地承諾要做個幸運的人之前，你的運氣是由你的潛意識設定所控制。也許你的潛意識已經開啟「幸運」設定，但我覺得不太可能。如果你始終幸運，那你大概不會看這本書。你之所以看這本書，應該是覺得如果能更幸運一點，你的人生會發生許多好事。

我也認同，所以我才跟你這樣說。

你要知道，你可以改變你的運氣。

沒錯，改變的力量就在你的腦袋，還有你的雙手。每個人都能如此承諾，將更多的好運帶進人生。改變運氣其實很簡單，只要你願意稍微調整身體與心靈。現在就檢視自己的內心，看看你是否真心想接受改變運氣的挑戰。

如果你真心想改變運氣，首先要深呼吸幾次，讓你的身體放鬆。

現在我要請你做出一種特別的承諾。

給你的第一個指示

拿一枝鉛筆或筆，再找一張能寫的紙。

接下來你要寫出下面這句話，要用特別的方式寫，讓這句話進入你的潛意識。別人花大錢請我改善他們的運氣，這就是我要他們做的第一件事。我不能站在你面前盯著你做，但我相信你會照我的話做。

寫出下面的句子。在空格填入你的名字。要有誠意才寫。

我＿＿＿＿＿＿＿＿真心承諾，從今往後要做一個幸運的人。

用你的慣用手，把這個句子寫下來（如果你習慣用右手，就用右手寫）。

現在改用你的非慣用手，再寫一遍這個句子。盡量寫出來就好，你自己能看懂就行，別人看不懂無所謂。一定要用非慣用手寫下你的承諾，因為你的非慣用手直接連結你的潛意識。

現在再換回你的慣用手，再寫一次。

然後用你的非慣用手，再寫一次。

要先完成以上的步驟，才能進行下一步。如果你按照我的話做，現在應該有慣用手寫的兩個句子，還有非慣用手寫的兩個句子。

完成之後先休息一下。去散步，或是吃點東西。至少要有幾分鐘的時間，不去想這件事。要有一些消化的時間。

休息過後，你可以進入下一階段，也可以改天再進行。你自己選擇。

你到目前為止，承諾過要做哪些事情？

準備好進入下階段了嗎？很好，我們來談談我們所擁有的開創人生的能力。

也許你並不知道，其實你已經展現神奇的力量，創造你想要的人生。你**現在**的人生，就是你自己創造出來的，所以你的人生就是這句話的明證。

你不見得喜歡你所創造的一切。也許你覺得你的人生並不是你所選擇的。也許你覺得你的人生是「強加於你的」。你所擁有的一切，也許很多都不是你**有意識地**選擇的，但終究是你創造出來的。

你之所以能做到，是因為你的承諾所發揮的力量。你現在所擁有的一切，全都是來自你的承諾的力量，包括有意識與潛意識的承諾。

承認你已經擁有的神奇力量。**你能把人生創造成一種樣子，就能創造成另一種樣子**。我發現這種意識能徹底翻轉你的人生。這種意識也讓我擁有全新的感覺，包括我能主宰我的人生的感覺。

我要講一則能證明這一點的個人故事：

> 一九七九年，我與我五年來斷斷續續交往的女朋友起了爭執，在過程當中我有了一個領悟，改變了我的一生。我發覺這次爭執並不是我們的第五百次爭執，而是第五百次爭執**同一件**事情！我在那一刻才明白過來，但五年來我們一

直在爭執同一件事情！我腦中的燈泡亮了，我發現我們的爭執總是陷入同一套悲哀的模式。模式是這樣的：

- 我與她會有一個人無法說出重點。例如她不會告訴我，她不高興的原因。
- 我發覺有事「不對勁」，但我問她對什麼事不高興，她又說沒事。
- 我們的關係越來越緊繃，越來越疏離，互相批評更嚴重，漸漸脫離親密關係。
- 我們會互相責怪對方很多事情，自認為被另一方拖累。
- 劍拔弩張了幾天，或是兩星期之後，我們會對彼此發火，上演一小時左右的「吼叫風暴」。然後烏雲散去，我們又和好如初……幾天後同樣的戲碼又重演一遍。和好之後的性愛太美妙，讓我忘記先前的幾天或幾星期有多痛苦。

我回顧整個過程，心想：**我為什麼陷入這樣的模式？我為什麼幾年來不斷爭執同一件事？我為人至今也累積了一些經驗，怎麼還會落入騙人也被騙，批**

評別人也被人批評，責怪別人也被人責怪，覺得自己是受害者的惡性循環？

接著我靈光一閃，想到了答案：這些事情之所以一再發生，是因為我**承諾**要被批評，**承諾**要被背叛，**承諾**要爭執，要說謊。我對於這個惡性循環的投入程度，更甚於好好經營一段感情。這些承諾顯然是潛意識的。換句話說，我並不是每天早上醒來，就說：「我今天要給自己製造一堆災禍。」但我的內心顯然做出了這種承諾，不然惡性循環也不會一再持續。

我一發現我承諾的內容，就感覺到內心有很大的轉變。我並不是受制於情勢的**可憐受害者**，我是有強大的能力可以**創造情勢**！

你也試試這種徹底的領悟：

如果你覺得寂寞，那是因為你在潛意識對於寂寞的投入程度，更甚於與人來往。如果你體重過重，那是因為你在潛意識對於體重過重的投入程度，更甚於維持健康體重。你在潛意識對於體重過重的投入程度，確實「重於」你有意識維持理想體重的程度。

你運氣不好，那是因為你在某個層面（通常是潛意識），承諾要運氣不好。我第一次聽見這種觀念，並不是很認同。也許你很認同，但我第一次發現的時候，心裡很不高興。我頭幾次聽見重力的概念，也不太喜歡。但重力是不會消失的，正如我們人生的種種結果，始終反映著我們內心深處的承諾。

了解我們潛意識的承諾，是掌握自己人生的重要起步，能化解我們的固有模式的負面影響，讓我們開始實踐新的，有意識的行為習慣，同時也敞開了大門，讓我們擁有力量，能創造自己真正想要的人生。

思考下列的觀念，細細品味方才的道理，直到你的內心感覺到這句話的道理：

我承認我現在的人生，是我的有意識與潛意識的承諾所創造出來的。我現在要憑藉這股力量，創造我有意識追求的人生。

現在把這兩句話寫在紙上，簽名之後寫上日期。把這張紙連同你的好運宣言保存下來，時時提醒自己。

要先把這兩句話寫在紙上，簽名再寫上日期，才能進行下一階段。

想要幸運是件好事

很多人在成長過程中，被灌輸的觀念就是不該有欲望，有欲望就該覺得內疚、羞恥，甚至會被罵自私。但除非我們主動開口要，否則宇宙不會知道該給我們什麼。我們必須允許自己有意識地想要一個東西，才能有意識地得到、享受。要允許自己**想要**幸運。不要拘束自己，要允許自己想要非常、非常幸運。

現在請你大聲唸出下列的句子，在空格填上你的名字：「是的，我＿＿＿＿＿＿想要幸運。」一覺得很傻也沒關係，反正一定要做。

你在宣示之後，就能有意識地駕馭「想要」的力量，創造更多好運。

公開你的承諾

如果甘迺迪總統當年沒有公開承諾要讓人類上月球，人類能上月球嗎？也許可以，但誰也說不定。**擺在眼前的事實**是，甘迺迪總統有勇氣公開做出非常大膽的承諾，勇於承受外界的奚落與質疑，最終也拉高了人類的可能性。同樣的道理，你追求幸運的承諾也要公開，才會有最大的效果。

首先要誠摯感受你的承諾。你在心裡說過一次，寫在紙上，也唸出來過。現在要感受你的承諾，要在你的承諾注入生氣，讓這份承諾成為你的一部分。完成感受的步驟之後，下一步就是公開。

在這一天，要記得對你認識的人說：「我承諾要做個幸運的人。」

注意觀察對方的反應。這種宣示往往會引發別人的恐懼、希望，以及可能性。別人如何反應都不要緊。也許他們會得到啟發，也許他們會嫉妒到臉色發青。也許會勾起他們的絕望，他們會說你不可能做得到。要留意他們的反應，但也要知道那些反應其實與你無關。對你來說，真正重要的是要有好運氣。你到了臨終的那一刻，在意的不會是別人對你的看法，而是你是否享受過人生，是否竭盡所能去愛，是否擁有過真正的幸運。

以喜樂之心許下承諾

你現在知道，有意識的改變，要從有意識的承諾開始。但我所謂的承諾，可能與你所經歷過的其他類型的承諾不同。舉個例子，很多人覺得承諾是一種義務，是必須做的事。你買一輛車，簽了名字，車子就是你的。除非你是現金交易，不然你在一段期間之內，就必須定期付款。這就叫做「承諾等同義務」。這是一種承諾，但並不是會改變你的人生的那種承諾。

有些人認為承諾是一種負擔。假設你是煤礦礦工，有十六個孩子要養。你每天下礦坑，因為你承諾要養育孩子。除非這份工作對你來說充滿禪意，否則你應該會覺得你的承諾是種負擔。這種承諾或許很高尚，但也不會改變你的人生。

能改變你的人生的那種承諾，是你自由許下的承諾，要達成你自己選擇的，值得追求的目標。我相信創造幸運以及豐富的好運，是非常值得追求的目標。如果你也認同，那就請你現在許下承諾，要達成這個目標。

我的承諾是：「**我自願，也樂意承諾從此要在我的人生，創造幸運與豐富的好運。**」

請對著你自己唸幾次這句話，也大聲唸幾次。再一次品味這些概念與文字，感受這些概念在你體內的感覺。要不斷玩味，直到你覺得這是一種誠摯的承諾，代表你真心想追求的東西。

要感受到自願選擇目標的感覺。你自己也要有這種感覺。

承諾需要重新承諾

你承諾要做一件事情，並不代表始終會順利進行，而是代表你承諾萬一偏離正軌，**會回歸正軌**。我在一九七〇年代，報名參加一家禪宗寺院舉行的為期七天的冥想營，親自見證了這個概念。

那是我第一次參加冥想營，所以我也不太清楚其中的內容。在第一天早晨，其他學員與我出席第一堂冥想課。老師請我們坐在大廳的一排圓軟墊上。他請我們坐下，眼睛睜開或閉上都可以，數著自己呼吸的次數，從一數到十。我們數到十，他叫我們再從一開始數。我們要是半路上分心（例如呼吸第四次之後，思緒飛向別處），也沒有關係，直接回到「一」，重新開始即可。

老師說：「就這樣。」

他搖搖一個小鈴：「我九點鐘會再搖一次鈴，我們就吃早餐。」我偷偷看錶，現在才剛過六點。我呼吸一次，心裡默數「一」，就此開始。那大概是我這輩子最漫長的三小時，但得到的收穫極其珍貴。在那三小時，我細細體會到我是如何被自己的大腦惡整。我開始數，突然間思緒就飄到小學時期不愉快的回憶。我重新開始數，決心這次要一路數到十，絕不分心。結果再回過神來，才發現下巴貼在胸口上，原來才數到四左右，就不小心睡著了。還說什麼一定要數到十。要說我在第一個早晨學到什麼，就是原來我很少把時間用來經營當下，卻用了不少時間為過去與未來煩憂。

我冥想了幾天之後，才開始覺悟。我在一數到十的路上有無分心，其實無所謂。真正的重點在於活在當下，一旦走偏就要「回到原點」。我漸漸感覺到我的內心，還有周遭的一切，都有一種神奇的光輝，在那個禮拜每過一天就越發強烈。到了冥想營的尾聲，我們一天冥想十四個小時，卻覺得時間轉瞬即逝。

再次承諾要做個幸運的人，也是同樣的道理。如果你發現自己又回到過往對於運氣的想法，又回歸以往會帶來不幸的壞習慣，就直接「回歸原點」，我們在這裡說的原點，就是第一個「自創幸運的祕密」，重新承諾要做個幸運的人，要實踐其他的自創幸運的祕密。

思緒飄向別處是正常現象，即使發生也不必自責。力量來自重新承諾的那一刻。

現在你已下定決心要做個ＶＬＰ（非常幸運的人），我們就進入第二個祕密！

2
第二個祕密
打開你的個人障礙，迎接好運氣

雲可以創造自己的雨，你也可以創造你的好運。你的好運來自你的行為、思想、感覺及言語。這些製作好運的原料要是扭曲，接下來就是厄運連連，彷彿大雷雨降臨。但你如果特別留意你的思想，那你無論走到哪裡，好運的甜美香氣都會一路相隨。

——馬克・班奈迪克，《銷售的方法》

高明的園丁會告訴你，種下種子之後，一定要避免雜草阻礙種子生長。培養好運的過程也一樣。第一個自創幸運祕密要你承諾要做個幸運的人，種下幸運的種子。現在要說的第二個祕密，是要清除自創幸運道路上的所有障礙。這些是你背負多年，甚至已背負一生的個人障礙，阻礙著你的幸運之路，造就你現在的人生。如果沒有完成這重要的一步，你追求幸運的欲望與承諾，就比較不容易開花結果。

大多數人在實現幸運人生的過程中，會遇見幾個障礙與挑戰。我就有這樣的經驗。我在自己的人生克服這些障礙，也幫助別人克服障礙，所以我了解你接下來可能會面對的挑戰。我們現在要一一檢視這些障礙，一定可以為你省下一些煩惱。

大障礙

我想先介紹最大的障礙。你理解以後，人生的煩惱就會減少大約百分之九十。現在要揭曉答案：**你的預設心理模式。**

固有的心理模式變成一種頑強的預設立場，我們一不小心，就會立刻回到這種模式。想持續擁有好運，就要留意你是否經常回復到自認為不幸的舊觀念。你發現你又回到過往的「我運氣不好」的思考模式，就要輕輕將你的大腦拉回新的承諾：我——真心承諾，從今往後要做一個幸運的人。

轉換的訣竅，是盡量溫和寬容。大多數的人發現自己犯了老毛病，就非要制止自己，痛責一頓。**沒有人是靠自責得到真正的智慧，所以不要浪費時間自責。**你發現自己有自責的毛病，也不要再因自責而自責，免得浪費更多時間！只要發覺自己有這個毛病，將自己輕輕拉回新的承諾即可。要斷開舊觀念，再次選擇幸運。

更多斷開舊思考模式的技巧

要擺脫「我運氣不好」的舊思考模式，辦法只有一個，而且有點矛盾：**不要刻意擺脫，自然就會擺脫**。要擺脫一樣東西，是要把這個東西趕出你的人生。一件不再合身的舊長褲可以扔掉，舊思考模式可沒這麼好處理。你要把它放在哪裡？舊思考模式，以及想擺脫舊思考模式的衝動，存在於同一個身體與心靈。想擺脫舊思考模式，等於在你的內心激起對立，就像狗追著自己的尾巴咬。狗的一部分並不知道自己在追逐自己的另外一部分。狗不斷繞圈子，想咬自己的尾巴，卻始終捉不到「獵物」。隔著一段距離看，會覺得很有意思，但我們自己要是那隻狗，就不會覺得好玩。我們越是刻意要改變，就越難改變。

唯有透過**良性觀察**，才能避免在意識的邊緣，重複做著無用之事。這個假設是你必須親自檢驗人生，才能徹底理解。換句話說，你必須檢驗這個假設，你自己才會相信，因為理性的大腦僅僅閱讀這幾個字，是無法理解箇中含意的。就我自己的經驗，至少要在人生當中應用三次，才能開始領悟這種力量。

為了說明清楚，我們再進一步討論。所謂良性觀察，**就是以關愛迎接固有的「我運氣不好」思考模式，不要有任何譴責**。這是人類面臨的最大挑戰之一。你仔細觀察你的思想，大概會發現你會譴責人生的許多經驗。你困在車流堵塞的高速公路上，趕不上開會，氣忿忿的大腦說道：**我不該遇到這種事情**。但那確實**就是**你當下遇到的事情，譴責只會平白增添大腦的壓力。

良性觀察能解除大腦的壓力。所謂良性觀察，就是接受你所遇到的事情，就是你應該遇到的事情。你怎麼知道那是你應該遇到的事情？因為那就是你**實際**遇到的事情。

在良性觀察的當下，你會發現「我不該落到這種地步」或是「我不該遇到這種事」的想法不但無助於心情平靜，甚至會擾亂心緒。

大家說知識就是力量，我們現在就複習所學到的知識：

一、你跟其他人一樣有預設的舊心態，誘使你剛剛覺醒的大腦重返舊思想的「安全」侷限，再度沉睡。

二、你批評、譴責、挑剔那些侷限你的舊思想，這些舊思想就越是根深柢固。

三、你需要培養一種新技巧：逐漸脫離舊思考模式，轉換成更好的新思考模式，也就是從今往後都要幸運。轉換的過程就像穿上一雙完全合腳的鞋子那樣輕鬆。

好消息是，只要不斷重複這種漸漸擺脫舊思想，有意識地轉向理想思想的過程，久而久之新的神經路徑就會形成，到了最後，你輕輕鬆鬆就能自動享受幸運人生。你的精力與創造力，就能用來創造更豐富，更和諧的人生。

你第一次練習的時候，會發現自己因為回到舊模式而過度自責。在新的方式，你會深呼吸，提醒自己羅馬不是一天建成的，再回歸新模式。接下來，你在自責到一半的時候，會察覺自己的錯誤，停下來，回歸正軌，繼續往前走。不久之後，你一旦重回過往的不幸模式，就會立刻察覺，不會再等到開始自責才察覺。而且你只會**嘖嘖**兩聲，對自己承諾下次會改進。久而久之，新模式會成為你的預設模式。你的人生當中的幸運細流，會變成奔流的大河。

第二個障礙：詛咒

我知道這聽起來太詭異，但還是請你耐心看下去。我受過科學治療法的訓練，從來沒涉及詛咒的事情。詛咒與民間傳說及巫術有關，讓人聯想到身穿黑袍的巫師，喋喋不休唸著咒語，敲著骨頭，詛咒渾然不覺的對象，絕對不是現代諮商實務會出現的場景。

但我不得不再次檢視，因為多年來太多人告訴我，他們覺得在金錢、愛情，或是這兩方面受到詛咒。有一種他們似乎無法控制的負能量，阻礙他們的成功之路。我仔細聽他們訴說，幫他們「解除詛咒」，發覺幾乎所有的成功人生，都需要解除某種「詛咒」。

這是因為把敲骨頭、唸咒，還有穿著長袍的巫師拿掉，你會發現詛咒其實就是一種對於我們的能力，還有我們自己的侷限想法（通常來自我們的父母、師長或其他照顧者），逐漸變成一種在日常生活不斷播放的背景噪音，滲透力如此之強，我們幾乎感覺不到它的存在。

想想你童年時期的詛咒。你是否曾受到「沒人愛」的詛咒影響？根據我看過的調查結果，超過百分之四十的人，在人生的開端都有這種經驗。把複雜的感覺算進去，也就是有人愛**也**沒人愛的感覺，人數甚至更高。

而且我所諮商的對象當中，有幾百人對我說，他們覺得自己的性別就是一種詛咒。爸媽想要兒子，生下的卻是她這個女兒，反之亦然。

有些詛咒隱藏在人與人的關係之中，始終沒有明說，要到很久之後才會曝光。例如我有幾位客戶就對我說過幾則毛骨悚然的故事，是臨終的表白揭露了積年的詛咒。我的一位客戶是中年男士，對我說起他坐在臨終的父親身旁看守，聽見父親向他說出的詛咒。他的父親突然極力睜開雙眼，在嚥下最後一口氣之前，對他說：「我從來就不喜歡你。」這位客戶過了很久，才走出那句話帶給他的傷痛，但他終究還是感謝父親說出心裡話。「我始終懷疑他不喜歡我，」他說，「所以他終於說出口，對我來說也是種解脫。」

回顧一下你自己的人生。你覺得你的人生有哪些地方受到詛咒？為什麼？是誰詛咒你？釐清這些潛意識的想法與感覺，是能否擺脫它們的關鍵。接下來要告訴你一個方法，讓你脫離「不幸之錨」，接受你的自創幸運。

找出並脫離「你的不幸因子」

我們已經知道，幸運路上的最大障礙，是你認為你的運氣不好。而你會這麼想，可能是因為自認為受到詛咒，或是受到慘痛的人生經歷影響。

是的，**有一部分的你，是你從未細細檢視，也是你無法真正幸運的原因**。只要你願意探索這一部分的你，以特別的方式用心檢視，它就再也無法控制你。你就能自由自在選擇幸運。

現在要告訴你，如何找出你「不幸」的那個部分。這也是我在辦公室向客戶介紹的方法。你也許會覺得意外，這個方法如此簡單，卻又如此有效。

首先只要閱讀這一份時間表：

幸運時間表

我結束求學生涯之後

我念大學的時候

我念高中的時候

我念國中的時候

我念小學的時候

我念小學以前

我學會走路以前

我出生之前

現在要請你閉上眼睛，感受你覺得自己「不幸」的感覺。也許是一種模糊的感覺，也許是你的一個念頭。但你能感覺到，你的體內覺得不幸的那個部分。花點時間關注這個部分。

第一個指示

用你的一隻手指，在時間表上指出你第一次覺得自己不幸的時間點，無論是愛情、財務，還是其他方面。要找出確切的時間點當然不容易，所以只要聽從內心給你的答案即可。舉例來說，如果你始終覺得自己運氣不好，你大概會指向「我出生之前」。如果你是在高中時期開始覺得運氣不好，就指向對應的時間點。

要確實指出一個或更多的時間點，才能進行下個步驟。

第二個指示

現在想想你的父母與祖父母。一個人會覺得自己不幸，多半也有自我感覺不幸的父母或祖父母。我們跟這樣的長輩相處，會不知不覺仿效他們的態度（如果你是由養父母收養，也知道親生父母是誰，那就想想你的兩對父母。如果你沒見過祖父母，就想想你所聽過的關於他們的故事）。

下面有兩行字：「我的父母」還有「我的祖父母」。如果你覺得你的父母、祖父母自認為不幸，就用一根手指指著一行或兩行字。也許你的父親自認為不幸，母親卻不這樣想，反之亦然。也許你的祖父母也是這樣。如果你覺得你的父母其中一位，或是祖父母其中一位自認為不幸，那也請你指著對應的那行字。要確認細節非常困難，按照你的印象即可。如果你不覺得他們自認為不幸，那就先等一下，不要指出來。

我的父母

我的祖父母

擺脫過去對你的控制

現在我要請你踏出改變運氣的關鍵一步。

再看一次剛才的時間表。指出你開始覺得你運氣不好的時間點。用你的手指指出來。

現在請你一邊指著時間表，一邊大聲說出「**那是過去**」。

然後再用同一根手指碰觸你的胸口，說：「**這是現在**」。

也許你不想這樣做。也許你覺得「**這樣很蠢**」或是「**這怎麼可能有用**」。你心靈當中根深柢固的部分被擾亂，連帶驚擾了你的大腦與性格當中慣於現狀的部分，但這個現狀不見得適合你。

我們在後面會再討論這種關係，但現在的你要是覺得恐懼、不安，或嘲笑自己，只要深呼吸，知道有一部分的你想要保護你自己，要向它保證，這個過程結束之後，你會更安全，更快樂，然後再斷開負面的想法。

這個練習至少要進行十次。指著時間表說「**那是過去**」，再碰觸你的胸口，說「**這是現在**」。說「**這是現在**」的時候，一定要確實碰觸你的胸口，而且要大聲說出來。我建議做十次，但你如果覺得有必要，做幾十次也沒關係。

接下來我要請你一邊想著你的父母與祖父母，一邊做類似的事情。如果你覺得你的父母或祖父母有任何一位自認為不幸，就指著那幾行字，說**「那是他們」**，再用同一隻手指碰觸你的胸口，說**「這是我」**。至少要做十次。

做完之後休息一下。稍後或是改天再回來進行下一階段。

這個練習結束後，你可能會覺得比較自由。如果你在過程中覺得抗拒，你可能還是會覺得很不自在。你甚至會想把這本書擱在一邊，不想繼續培養好運氣。

不要這樣。放棄的當下也許很痛快，長久而言卻是有害的。我先前說過，我們一旦承諾要改變人生，那些習慣了「老樣子」的力量就會立刻反彈，要阻止我們走向新目標。這種力量可能來自內部，是因為害怕成功、擔心「上限」問題，還有純粹害怕改變，所引發的自我破壞反應。我們有意識地改變，所有阻礙改變的力量也會反抗。我們必須做好迎接這一輪猛攻的準備，立場要堅定，否則只會被阻礙改變的大浪消滅。

你繼續進行下去，會發現擺脫過去的控制越來越容易。我向你保證，你在過程中感到的任何不自在，相較於你往後會收穫的連串好運，只是微不足道的代價。

我要說一則很貼切的故事，你看了就知道這個過程的力量。我記得曾有一位三十出頭年紀的先生來找我，因為他花錢花個不停，不是投資慘賠，就是肆意揮霍，總共燒掉了將近兩百萬美元。他現在戶頭剩下二十五萬美元，急著想知道怎麼會搞成這樣。

「首先，」我問道，「你的錢是怎麼賺來的？」

他說：「不是我賺來的，是我爸給我的遺產。」

我立刻感覺到內心的警報響起：「就金錢方面，你跟你父親的關係如何？」

他開始說起父親對他的「詛咒」。這位先生的父親很有理財天分，總是嫌兒子愚笨，管理錢財一塌糊塗，這輩子都不可能成功。「我的罪過就是太像我媽，」這位客戶對我說，「我記得我爸最常說的一句話就是：『你這輩子只能當窮光蛋！』」

年輕人的人生完全按照父親的預言演出，直到父親到了五十幾歲突然去世，留給我的客戶超過兩百萬美元的遺產、一顆充滿怨恨的心，還有他不配得到這筆遺產的狹隘想法。

那他是如何表達對父親的憤怒，配合他的初始設定演出？把父親多年來精心累積的財富虛擲一空。詛咒往往會成真，這次也不例外，我的客戶渾然不覺其中的關係。

我運用時間表方法，幫這位客戶解除詛咒。「那是過去，這是現在」還有「那是他，這是我」。父親對他與金錢的想法已經不再重要，而且也不是他能控制的，畢竟父親已經過世，錢也沒了。對我的客戶來說，把握當下才是重點。

我的客戶順利擺脫過去，雖然沒有把幾百萬美元賺回來，但還是擁有不錯的收入，繼續過他的日子，還有二十五萬美元的儲蓄喔！

你擺脫舊模式，除去幸運之路的障礙，接下來我們要探討一種讓你無法幸運的特殊個人障礙：羞恥。在下一章，你不但會學到擺脫羞恥的方法，還會知道如何將占據你體內的羞恥，變成吸引好運的因素。

3

第三個祕密
將羞恥轉化為吸引豐富人生的磁鐵

折磨我的那份羞恥，因為來處不明而更具殺傷力。我不知我為何覺得自己如此不堪，如此破敗，如此罪惡，我只知道我有這種感覺。

——唐娜·塔特，《金翅雀》

也許你跟我一樣，在成長過程中，心裡累積了不少羞恥，對於自己的體重或體型羞恥，對於曾經惹怒或傷害別人而羞恥，或是因為自己遇到的事情而羞恥。羞恥也許藏在你的內心深處，幾乎察覺不到。也許你現在用你的意識掃描你的身體，就能明顯感受到。

羞恥對我來說是一種存在已久的刺痛感，在我的雙腿與臀部泛起一股難受的溫熱。羞恥也讓我覺得身體中央緊緊的，好像吞下了太大的東西，無法消化卻又無法吐出。

更糟的是我之所以羞恥，不僅是因為我做錯了事，也是因為我讓家人蒙羞。我還記得我的母親與祖母臉上的表情，流露的不只是失望，還有我讓她們蒙羞。我的行為讓她們的恥辱浮上檯面。那種表情告訴我，我應該加倍感到羞恥：我做錯了事，**而且**我喚起了她們過往的自卑感。

小時候的我，簡直無法承受這種羞恥疊加的感覺。我只能順從她們的意思，才能擺脫這種感覺，她們也才會再次愛我。但我的內心還是有小小的意識火花，總覺得她們看待世界的方式不正確。我覺得也許我並沒有那麼不堪。

雖然我只記得小時候少數幾次覺得羞恥的經驗，但實際次數應該多出許多。我的父母與祖父母似乎經常感到羞恥，他們的心中彷彿充滿羞恥。嚴重到當時年輕的我總覺得內疚，沒能像他們那樣常常感到羞恥。要到很久之後，我才知道家人的羞恥究竟有多深，也才知道這種羞恥對我的影響。

家傳的羞恥

有很長一段時間，我沒有意識到自己身體感受到的羞恥。我雖然幫助過其他人意識到存在於身心的羞恥感，卻很久都沒有意識到潛藏在我自己體內的有毒情緒，直到我的母親在一九九〇年去世。那年我四十五歲。我的哥哥、我哥哥的女兒，還有我前往佛羅里達州，整理我媽媽房子裡面的東西，打算把房子賣掉。在整理過程中，我看見一張問候的卡片，是我媽媽在教會的教友寄來的，塞在加了框的家人合照後面。我一時站著，思考該不該看卡片上的文字，最後我覺得母親的隱私已經不需要保護。

卡片上的字跡老派而細長，寫道：「妳一定要走出家門，不能一天到晚躲在家裡。我知道妳因為懷孕，還有妳先生去世的關係，覺得很羞恥。但妳還有我們。我們不在意過去的事情，也不在意妳單親媽媽的身分。」

我皺著眉頭。**我爸的死為何讓我媽如此羞恥？**我媽和我哥都對我說過家裡的故事。他們說，在我出生之前，我爸就在三十二歲那年，因為急性腎臟病突然過世。他們對我說，我媽為此哀痛不已，又對財務嚴重焦慮，但沒人跟我說過羞恥這回事。在看見那張卡片之前，我從未質疑過這則故事，但這時我想起，我曾與一位醫學博士朋友，聊起我們的父親。我說出我父親去世的經過，他說：「嗯，我覺得好像是中毒。」我當時聽了也沒多想，但現在心頭猛然一震，才赫然領悟：**天哪，說

不定我爸根本是自殺身亡，大家這些年來都在掩飾真相。我知道我大概不可能確認我爸真正的死因，但這下我知道我媽為何羞恥。

我還沒從震驚當中回過神來，就受到另一起難堪真相的重擊：我媽當時肚裡懷的是**我**。顯然我在娘胎中，就已經**全身沾滿**羞恥。後來長成我這個人的胚胎，是由浸淫在恥辱中的細胞所組成。而且這份羞恥想必還存在我體內。

我站在媽媽房子的客廳，打開我的意識，開始體內掃描。果然感覺到全身上下有一種燒灼感，但比較集中在我的臉，還有我的腿部與臀部，那是我媽曾經鞭打的地方（我犯的錯越嚴重，她在我腿上鞭打的部位就越高）。這種感覺絕對與羞恥感有關，一直隱藏在我的體內，我卻沒有察覺。

我一察覺羞恥的存在，就開始藉由看見、感覺，最終接受的過程，努力擺脫這份羞恥。長期下來的進展也不錯。但我從未想過，我能將身體的羞恥感這種惱人的東西，變成一股創造豐富人生的原動力。

那趟佛羅里達州之行的幾年後，我找到一種方法，能將羞恥化為吸引好運的力量。我覺得我彷彿發掘出宇宙中一股神祕的新力量。而且幾乎是一發現這種力量，我的人生就迎來更多好運。

我的發現

我發現化羞恥為幸運的訣竅的時候，已經具備實踐的能力。當時我的個人淨值大約是五百萬美元。算是不錯了，沒什麼可埋怨。但我還是希望在兩腿一伸之前，能留下兩千萬美元的財產給我們的基金會（有意識生活基金會提供各項獎學金與補助金，推廣與「有意識生活與關愛」相關的研究、資源與服務）。

我不知道該怎麼達成兩千萬美元的目標。我改變自己的運氣，也有能力實踐，才有了今天的成績，但我不知道還有什麼「訣竅」能讓我完成終極目標。

某一個下著雨的星期六，我四處閒晃，東想西想的，腦海浮現一個問題：**現在的我已經具備哪些能吸引更多好運的特質？**我不知道我怎麼會想到這個問題，也不知道我怎麼曉得要這樣問，但我覺得那些應該不重要。重要的是答案所能帶來的豐碩成果。

我提出這個問題才過了一瞬間，就有一個改變我一生的答案湧上心頭。這個答案並不是文字構成的想法，也不是一個圖像，而是一種感覺，我感覺到我體內有很大一部分突然發亮，彷彿是第一次發亮。我立刻發現那些發亮的部位，正好是我感覺到童年遺留的羞恥的部位。接著我有了一個靈感：**我要用這些部位，吸引更多好**

運！以前專門用來感受羞恥的神經末梢，現在有了更崇高的用途：吸引大量的好運、財富與幸福。

我感覺到體內那一處大面積部位發出共鳴，認同這個新目標，也覺得一陣強烈的幸福感充滿全身。接下來的日子，新目標照亮了我體內更大的面積，一波波的幸福感也斷斷續續降臨。

經過那次的經驗，我感覺兩千萬美元的財富一直把我拉過去，幾乎像引力一樣。比起第一次開啟過往羞恥的建設力量，現在的我與目標大大拉近了距離，但這種感覺直到如今依然強烈。

接下來的幾年間，我經常檢視我自己那些曾經黑暗，充滿羞恥的身體部位，看看是否依然明亮，依然輕盈。新生的內在光明與輕鬆始終存在體內深處，就像過往一度揮之不去的羞恥感，但帶來的效應卻絕對有益：幸運似乎從四面八方向我湧來。

我化羞恥為幸運的最佳案例，是一位二十五歲的股票經紀人。他在某一天穿著夏威夷上衣，腳踩人字拖（嘴裡還有牙套呢），出現在我們的辦公室。凱蒂透過他的父母認識他，邀請他向我們介紹一個特別的投資機會。有一家新創公司叫做

Software.com，開發了一套很實用的軟體，能加快電子郵件傳送的速度。他邀請我們以每股三美元的價格，投資這家公司的股票。我不懂科技，很難判斷該不該投資（而且坦白說，這位股票經紀人稚嫩的年齡，也讓我很難有信心）。凱蒂的看法跟我不同。幸好我們最終聽從她睿智的判斷。我們買了股票，後來以每股將近一百美元的價格賣出。我們的淨值，還有我們挹注基金會的能力，也因此大為提升。

說完了我的故事，現在要看看你的故事，要運用你的羞恥的力量，為你吸引好運。我們先從探討羞恥，以及你與羞恥之間的關係開始。

羞恥入門課

> 別人那些對我們的健康與福祉無益的話語，經過我們內化之後，我們的羞恥就變得有毒。
>
> ——治療師兼教練潔西卡・摩爾

我們在上一章討論了侷限的思想如何阻礙了追求幸運之路。羞恥是幸運路上的另一種阻礙，因為會讓我們自認為不配得到好運，不配得到愛、幸福與成功。羞恥也會限制了好運，因為羞恥會讓我們一直活在過去，一直重溫過往的羞恥，沒能把握當下的幸運。

很多人認為羞恥等同內疚，但兩者還是有差別的：

內疚是因為我們做過的事情而感到懊惱。
羞恥是因為我們本身而感到懊惱。

內疚就像被狗咬，痛得厲害，但我們可以透過致歉、彌補，承諾往後會改進，減輕內疚的感覺。

羞恥就像在潮濕的天氣，披上暖呼呼的羊毛毯，沉重、悶熱又難受。羞恥與內疚可能是由相同的行為引發，但羞恥是潛藏在表面之下的內疚，會讓我們覺得自己有無法改善的根本瑕疵。更糟的是，這種認為自己有瑕疵的感覺就像詛咒，會成為揮之不去的陰影，深藏在潛意識中。

這本書的主題並非內疚，所以我不會討論這個主題。你若想研究內疚，有許多好書可供參考。我要把重點放在羞恥，包括羞恥從何而來，又是如何儲存在我們的體內，最重要的是你該如何轉化羞恥。

關於羞恥，你可能不知道的是：沒人先天就有羞恥。羞恥是後天灌輸給我們的。這一點更能凸顯我們與基因相似的近親黑猩猩的差異。研究證實，人類與黑猩猩之間的染色體差異，比大老鼠與小老鼠之間的差異小了十倍！

也就是說黑猩猩感覺到羞恥的肌肉與神經，與人類幾乎一模一樣。但你若想讓黑猩猩感覺到羞恥，恐怕會徒勞無功。

假設你想給黑猩猩灌輸一些羞恥感，於是你跟三隻黑猩猩一起坐在桌邊。你把一大塊香蕉放在桌上。三隻黑猩猩當中的大塊頭，我們叫他查理好了，一把抓走香蕉吃下肚。另外兩隻體型較小的黑猩猩很生氣，覺得不公平，又是尖叫，又是跳上跳下。你看著大塊頭查理的眼睛，並端出最憤怒的表情，對他說：「丟臉，丟臉，你真**丟臉**。」你再把另一大塊香蕉放在桌上。查理一把抓去，塞進嘴裡。這種無恥的「我先吃」行為，又惹得另外兩隻尖叫蹦跳。你再說一次：「查理，你不要臉。」希望他會感到羞愧，發覺自己衝動的行為已經惹毛兩位同類。

你要有心理準備，要知道你得耗上很久很久，才會看見成效。說真的，如果我們現在離去，下個月再來看你，你大概還是在罵查理丟臉，查理也還是看到香蕉就抓。

人類跟黑猩猩不一樣，很容易感受到羞恥。你到了能開始四處走動，與親近的人互動的年紀，幾乎就會被灌輸羞恥。別人在你的身心灌輸羞恥，多半是基於一個高尚的原因：希望你不會再有會招惹麻煩的行為。他們不知道還有什麼辦法能勸誡你，所以只好羞辱你。

真正的問題是羞恥深植在我們的心靈，在我們的體內徘徊。某些童年時期的回憶，例如玩「醫生遊戲」被父母抓到，偷父親衣櫥裡的零錢，或是尿床，即使在幾十年後，我們往往依舊感到羞恥。

無論羞恥的成因是什麼，重點是你的體內沒有內建的羞恥。科學不會指出一種肌肉或神經，說：「這是羞恥肌肉，那是羞恥神經。」你的羞恥感是後天培養出來的，而且羞恥感會停留在你的肌肉與神經，然後就像低度發燒一樣，除非你懂得克服，否則就會摧毀你一輩子的好運與活力。

現在該踏出第一步了。

羞恥的矛盾

你所抗拒的不但會停留，還會擴張。

——改寫自卡爾・榮格作品

我們在上一章談到如何去除個人追求好運的障礙，所以你應該知道，你的負面情緒與侷限思想之所以能牢牢控制著你，是因為能讓你覺得有必要擺脫它們。

羞恥是一種特別讓人難受的情緒，是一種大多數人會不惜一切代價避開的情緒。我們要是感受到羞恥，通常會急於擺脫羞恥帶來的痛苦，也會極力脫離羞恥的魔掌。問題是要對抗羞恥，就不得不與羞恥糾纏。羞恥會很樂意與你糾纏一輩子。你越是與羞恥搏鬥，羞恥對你的控制就越強烈。只要你想擺脫羞恥，羞恥就會繼續主宰你。

我不希望你向羞恥宣戰的最主要原因，是宣戰不但沒用，反而會更糟。第二個自創幸運祕密要你換一種方式，消滅個人追求幸運的障礙，無論是什麼障礙。這一個祕密要你用同樣的方式處理羞恥，就是承認你有羞恥，不要再想辦法消滅羞恥。

要向你感覺到的任何羞恥說「哈囉」，順其自然即可。

但不要就此打住。**順其自然**也要想辦法**轉化**羞恥，這就說到你不該向羞恥宣戰的第二個原因：你可以跟我一樣，把羞恥占領的身體部位，全都用來吸引豐盛的好運。羞恥本來只是一個占位符，你懂得轉化的訣竅，就能將羞恥變為能吸引好運的超大微血管網。我們現在就開始將羞恥化為你的助力，而不是阻力。

將羞恥轉化為幸運

我們現在要開始進行身體的體驗流程，將你從羞恥的魔掌解救出來。最好選一個你能完全專注的時間，舒服坐著進行。

自創幸運羞恥轉化過程

一、首先閉上眼睛，深呼吸幾次，把注意力放在你的身體，包括你的知覺，還有你的身體在椅子上、床上，或地上的重量。放輕鬆，進入身體的意識，要細心察覺你體內的羞恥感。不要在羞恥的情緒層面，或是羞恥的起因上面糾纏，只要細查你的體內有無羞恥的感覺即可。

羞恥就像你的腦海經常流動的思緒，也會不請自來。你某一天醒來，也許是很久很久之前，羞恥就已經存在。你不必要求，羞恥也會前來。也許你覺得羞恥是一種包袱，希望羞恥能從你的體內消失，但它卻始終糾纏不休。

二、再次深呼吸，輕鬆面對存在於你的身體各處的羞恥。舉例來說，你可能覺得羞恥從你的腰部一路往下延伸到你的雙腿，包括你的臀部、大腿，還有小腿。原因可能是你跟我一樣，身體的那些部位經常在你遭到羞辱的時候被打。也許身體的這些部位，與你對你的性行為的感覺有關，或者是與你對其他事情的感覺有關。也許你的羞恥部位是胸部或胃部，或是雙手與臉部。你在此時此刻能否清楚感覺到羞恥，其實並不重要。羞恥可能隱藏在你的意識的表面之下。即使你的身體此時此刻無法感受到羞恥，也可以回想過往所感覺到的羞恥的樣貌。

首先要面對身體的羞恥感，因為那是通往心理的羞恥感的管道。

三、細細感受你的身體是否有緊繃、刺痛等感覺。將注意力集中在每一個有感覺的部位，維持大約三次輕鬆深呼吸的時間，也就是大約十五至二十秒，直到感覺有所緩解，至少稍微緩解。

大多數的人沒能緩解羞恥，因為他們不願意去感覺深層的羞恥。你允許負面感覺存在，也願意關注，這種感覺就會變為開放空間。

四、現在想像這個開放空間，無論大小，充滿亮光。也許是大腦想像出這種景象，也許是身體有這種感覺。要讓亮光湧入羞恥曾經占據的地方，就像清澈透明的水流入玻璃杯，取代了杯子裡的泥水。

用幾次呼吸的時間，繼續進行這個步驟。找出存在身體任何部位的羞恥感，用心感受，直到這些部位變為開放空間，再讓這個開放空間充滿亮光。用幾分鐘的時間，感受一下曾經沉重緊繃的部位，如今的輕盈與開闊。

你曾經充滿了羞恥，那就像一種繼承的遺產，自然降臨你的人生，而且完全免費。羞恥曾經照亮你身體的某些部位，現在這些部位由更新更好的東西照亮。你聽過「物以類聚」這句話，現在要感受這句話在你的身體應驗。一個遼闊又豐富的領域在你體內展開，這種內在的豐富，也會吸引外在的豐富，包括充足的金錢、健康、目的與愛。要吸收這種新的豐富，要接受它，讓它停留在你的體內。

五、最後的步驟，是要在你的體內，灌輸與羞恥相反的東西：你對自己的愛。要做到這一點，想想你深愛的對象，無論是配偶、子女、父母、朋友，還是寵物都可以。感受你心中對這位對象的愛，將這份愛不斷擴大，直到完全填滿你的內在。再次深呼吸，把注意力從你深愛的對象，轉移到你自己身上。不要分心去想你的過錯，把注意力集中在你的身體上。將這份愛轉移到你自己身上，任其流淌，浸淫你全身。讓你沉浸在愛之中。

六、等到你覺得全身充滿了愛，就深呼吸幾次，仍然閉著眼睛，逐漸開始移動你的身體。擺動你的手指與腳趾，輕輕轉動你的脖子，伸展雙臂與雙腿。準備好了再慢慢睜開眼睛。花一點時間適應正常的活動。

在交響音樂會的一開始，雙簧管樂手奏出一個音，樂團的其他樂手跟隨。同樣的道理，你已經在你的體內奏出幸運之音，你的神經末梢也會跟隨新的幸運之音。

新生活，新規則

你要在你的體內宣告，今天是新的一天，要遵守新的規則。那些曾經感覺到羞恥的地方，現在是幸運與豐富自由流動的開放空間。

事實是：你有力量為你的人生制訂新規則，只要不違反宇宙現有的法則就好。宇宙沒有任何一條法則，規定你必須一輩子背負著羞恥感。我可以跟你保證。沒有一條法則規定你不能幸運。現在你可以選擇你與幸運之間的關係的規則。我要請你根據你目前學到的自創幸運祕密，還有你往後會學到的，制訂一條新規則：**我吸引，也享受美好的幸運**。請你務必選擇好運，作為你的宇宙的最高原則。

現在就選擇。

你就會好運。

重要事項

親愛的讀者請注意，這本書從這裡開始進入合寫的部分，你會發現後面都是「我們」的口吻。再看一次這本書一開頭的作者序，溫習一下「幸運合作」的由來！

4

第四個祕密
選擇值得好運降臨的目標

所謂幸運，說穿了就是真正的戰士採取正確的行動，所得到的優勢。

——R．A．薩爾瓦多，《半身人的寶物》

想要持續創造幸運，就要給予幸運足夠的理由降臨。第四個自創幸運祕密的重點是目標。很多人不知道目標也能引來好運。就我們的經驗，包括我們自己的人生經驗，還有與客戶合作的經驗，都讓我們領悟一個強大的真理：**幸運會追求值得追求的目標**。在這一章，我們要請你仔細檢視你的目標，你就能創造幸運降臨的最佳理由。

從這個問題開始

你會看這本書，應該是希望能在人生擁有更多好運。但你希望好運能幫助你達成哪些目標？你要問自己的第一個問題是：**如果我非常幸運，我會做哪些現在沒做的事，擁有哪些現在所沒有的？**

舉例來說，你的答案可能會是：

我要是運氣好，身為教練（或是作家、音樂人……）就會賺進六位數的收入。

我要是運氣好，就會住在海灘上的漂亮房子。

我要是運氣好，就會跟我的夢中情人過著幸福快樂的日子。

我要是運氣好，就有能力大筆捐款給非洲的孤兒院。

這個人有四個目標：高薪工作、海灘上的房子、夢中情人的愛，慈善捐款的能力。

你的目標是由誰決定？你自己，除了你自己沒有別人。

但我們可以告訴你，要增強你的目標吸引好運的能力，就要選擇值得好運降臨的目標，也就是合乎以下條件的目標：

- 對你而言非常有意義
- 能讓你開朗，做你最喜歡做的事情
- 同時對你個人，以及其他人有益

要記得，你真正的目標不是你的「待辦事項」。待辦事項通常是需要優先處理的事情，往往比較**緊急**，蓋過了我們**重要**的長期目標。很多人忽略了自己想做、真正重要的事情，反而將全副精神用來應付日常的需求，忙著各種「救火」。

你真正的目標，能讓你更接近你生活在世界上的獨特理由：你要做出的貢獻，要學到的教訓，要培養與貢獻的才華，以及你的靈魂渴求的獨特經驗。

想建立自創幸運的基礎，我們必須先釐清，自己希望幸運能幫我們完成哪些目標，也要適時將目標調整成更值得幸運降臨。

現在你要做的是：仔細選擇至少三項目前要追求的目標，寫在下方：

我的第一個目標：

我的第二個目標：

我的第三個目標：

你想設定更多目標也可以，但我們希望你至少選擇三個。完成了嗎？太好了。現在要讓你的目標接受自創幸運吸氣測試。

值得幸運降臨的目標對你而言意義非凡：你真正想要的是什麼？

值得幸運降臨的目標的第一個條件，是對你而言意義非凡。這個祕密要求我們確實了解自己**真正**想追求的人生目標。很多人並不知道什麼才是真正重要的。你問別人：「你想要什麼？」大多數人的回答都是「更多的錢」，或是「更多可以自由支配的時間」，彷彿這些本身就是終極目標。其實我們想要的，並不是金錢或時間本身，而是擁有這些之後所能做的事。

所以，如果你在上面寫的目標包括「更多金錢」及「更多自由支配的時間」，那就進行到下一步，問問你自己：**如果我有更多金錢，更多自由支配的時間，我會**

做什麼？

你會去旅行嗎？你會花更多時間陪伴另一半、子女、年邁的雙親嗎？你會開設動物收容所，或是照顧弱勢少年嗎？你會不會寫出一部偉大的小說？其實我們想要金錢或時間，或兩者都要，是因為想追求對我們有意義的事情。

想更了解你自己，就問你自己：**如果我擁有我想要的金錢與時間，我會做什麼？**

我們知道你很想繼續看下去，但現在真的要請你暫停，把書放在一邊，先思考這個問題，再把你想到的答案寫在紙上。現在還不必實踐你的答案，只要讓答案從你的內心浮現，寫在紙上即可。接下來的一兩天，你要記得這個問題，在安靜的時刻，讓這個問題繼續幫助你認識自己。

你回答這個問題，便可找出最深層的動機、熱情與理想，就能發掘你真正的目標，也就是值得好運降臨的目標。

值得幸運降臨的目標能讓你開朗：自創幸運內心冥想

值得幸運降臨的目標的第二個條件，是能讓你開朗，允許你做你最喜歡做的事。對你有意義的事情，以及你最喜歡做的事情，就像ＤＮＡ分子的雙股一樣纏繞在一起。想聚焦在你的目標的這個層面，我們推薦一種以身體為中心的方法，叫做自創幸運內心冥想。在冥想過程中，你會發現你的目標是如何在你的內心引起共鳴，也可以過濾掉那些「應該」的目標，也就是那些別人說對你有益，但卻不符合你內心深處對你自己有所期待的目標。

自創幸運內心冥想

一、首先花幾分鐘的時間，檢視你所寫下的目標。

二、然後找一個沒人打擾的地方，舒服坐著。閉上眼睛，慢慢深呼吸三次。

三、在心中默唸你列出的第一個目標，不要大聲唸出來。你默唸的每一個字，都要像石頭掉進水池一樣，掉入你平靜的內在，感受你體內的震動。要格外注意你的心所感受到的震動。

四、你感覺到你的胸口放寬還是緊縮？你想不想笑？你覺得興奮嗎？最重要的是，你的目標是否讓你開朗？

如果沒有，就代表這個目標無法為你吸引好運。那就要調整這個目標，直到能讓你全身微笑為止。如果無法調整，就先擱置這個目標，轉向你列出的下一個目標。

五、你列出的每一個目標，都要完成這個過程。記下哪幾個目標通過測驗。

六、你也可以用這一套流程，將你的目標訂出優先次序。再次一一檢驗你的目標，仔細留意哪一個目標最能放寬你的胸口，最能讓你興奮。那是你應該優先追求的人生目標。無論你多麼忙碌，每天至少要完成一項與這個目標相關的待辦事項。

這個冥想雖然簡單，功用卻很強大，能讓你了解你對於自己的目標的真實感受。你的心與大腦能團結一致，追求你的目標，幸運就會忍不住要助你一臂之力。

值得幸運降臨的目標對你與其他人有益：整個宇宙對你眨眼

我相信我們來到世界上，是要對世界有所貢獻。

——企業家與醫師阿曼德・哈默

值得幸運降臨的目標的第三個條件，是完成目標能對你自己，**還有**其他人有利。只為自己的目標吸引不到多少運氣，也很難得到別人支持。

達成你的目標的正面效益，若是能擴散到你自己以外的地方，你自己就會進入一股更大的，看不見的力量，那是推動宇宙的自然成長與秩序的力量。

這些看不見的宇宙力量的其中之一，是我們演化而來的優勢，也就是同情心、同理心，以及仁慈。說了你也許會很驚訝，但達爾文其實**並沒有**發明「最適者生存」一詞。一百多年來，很多人認為「最適者生存」證明了利己及打敗他人，是最有效的生存策略。其實達爾文在後期的著作《人類的由來》提到，天擇偏好較有同情心，較為仁慈的人，因為這些人組成的社會更有凝聚力，更能互助，因此更能興盛。「最仁者生存」才符合達爾文的哲學，廣義來說也符合宇宙運作的原理。

你的目標若是與宇宙的同情心一致，你就有資格參與宇宙的對價關係，也就是「互惠互利」。在這種關係中，宇宙的各種「巧合」及意外的支持都會出現。我們將這種現象稱為「宇宙對我們眨眼」。

芝加哥的運動經紀人丹尼爾・波曼，跟我們分享那一次宇宙對他大大眨眼：

就我記憶所及，我向來喜歡籃球，愛打籃球，愛看籃球，也愛聊籃球。我在十四歲那年還開設了我自己的籃球部落格，分析芝加哥每一位高中籃球員的表現，還有全州高中籃球員的表現。不到兩年，全國各地幾百位大學籃球教練都會看我的部落格，還會向我打聽他們想招募的球員。

於是我就想到：**有些年輕運動員不可能成為職業運動員，可能也沒有機會進大學，也許我可以幫他們拿到籃球獎學金，到專科學校、美國大學體育協會的第二級大學，還有小型大學就讀？**於是我舉辦選秀會，讓這些學校的教練有機會看看名氣較小的球員的表現。

結果我的構想成功了！幾百位年輕人，很多來自都市的貧民區，參加了我舉辦的選秀，就進入全國各地的大學就讀。其中很多人畢業之後，還回到老家擔任教練、老師跟導師，地方上很需要他們幫忙。

我很喜歡幫助年輕人，但終究也要想辦法維持生計。我也不太知道自己想做什麼，後來是我合作過的幾位運動員成為職業運動員，找我當他們的經紀人，我才勉強開始當運動經紀人。

問題是我很難適應這種競爭很激烈，廝殺很厲害的行業。要解決這個問題，就要自己開一家經紀公司，但那是不可能的，我不可能生出這麼多錢來，所以我就低調做個局外人。

後來發生一件很神奇的事情：有人介紹我認識美國最有錢的投資人。這位先生聽說過我的慈善工作，願意支持我。他先是投資我跟幾位朋友共同製作的紀錄片，叫做《在黑暗中投籃》，主題是芝加哥的籃球員。後來他也出錢讓我自己開一家經紀公司。

我們的紀錄片很受歡迎，經紀公司到現在都很順利。我知道我很幸運，但我也相信你若是誠心幫助別人，完全不求回報，終究會回饋到你自己身上。

運用利他主義的力量

即使你不相信「整個宇宙想幫助你這個人」的觀念，在生理學的層面，擁有能利他的目標，確實有助於自創幸運。

最近的正向心理學研究發現，關懷、合作的本能，以及幫助他人的欲望，確實深植在我們的大腦。研究人員運用先進影像科技，觀察大腦的運作，發現我們對周遭的人付出，我們的快樂中樞，也就是你吃了甜點，或是得到金錢，大腦會產生回應的區塊，就會活化。利他行為會產生強大的生理回饋，我們可以利用生理回饋創造的動力，達成我們的目標。

我們的同事傑克・肯菲爾德是《成功原則》的作者，也是心靈雞湯系列的發起人之一。他跟我們說起一個例子，是在課堂上發生的趣事。傑克請一位學員到教室前方，思考達成她自己的一個重要目標，但只思考達成目標**對她自己的好處**。傑克再用應用人體運動學的方法，叫做「肌肉測試」（是依據心理神經免疫學，也就是研究「心理程序與人體的神經系統及免疫系統的互動」的學問），用力按壓學員伸出的手臂，看看這個想法是強化，還是弱化了她的系統。結果她的手臂變得軟弱。

接下來，傑克請這位學員專心思考，達成同一個目標，能為**她的人生當中的其他人，帶來哪些好處**。他再次按壓學員的手臂，這次非常堅硬。

目標都是一樣的，但學員想到達成目標能帶給其他人的好處，能讓她的手臂更強壯。傑克後來又屢次進行同樣的測試，每次的結果都一樣。

想藉由利他行為吸引好運，並不需要做到德蕾莎修女的程度，也不需要加入和平部隊。無論你想追求什麼目標，只要確認有利他成分即可。舉例來說，假設你的目標之一是買一台特斯拉汽車。如果你只在意擁有特斯拉汽車對你自己的好處，只在意你開著時尚感十足的車子有多麼拉風，只在意從此再也不必去加油站，只在意能享有高額扣抵稅額，還有種種好處，得到的力量（或是吸引的好運）就有限，還不如著重在擁有特斯拉汽車對別人的好處：減少碳排放，家人能擁有更安全的車子，實現你對子女，對社會的理念等等。

追求自己想達到的目標，同時也願意造福他人，就能在精神上、情緒上，以及身體上提升你達成目標的能力，也會讓你走在通往好運的快車道。

實踐值得幸運降臨的目標：全面行動

凱蒂．安德森是一位年輕女性，最近在亨崔克斯學院受訓。無論從哪個標準看，她都是位傑出人士。她是自己創辦的公司的執行長，在社會影響力業界的領導地位，頗受國內外肯定。我們聽見她的故事，就知道這是值得幸運降臨的目標的三個條件，還有這三個條件如何創造成功的最佳範例。

凱蒂的故事

我發現……一個人若是滿懷信心朝著夢想的方向前進，努力實現他的夢想人生，就會在尋常時候，遇見意外的成功。

——亨利・大衛・梭羅

常有人說我「幸運」，但我有很長一段時間無法接受這種說法，感覺我所有的勇氣，所有的勇敢，還有所有的努力都被抹煞。以前的我覺得幸運是一種免費的東西，是可以不勞而獲的。但在過去幾年，我發現我若是發揮內心的創意，創造對所有人都有利的結果，我所謂的「對接」，也就是神奇的巧合及「不可思議」的事情，就會發生。我現在走到哪裡都有幸運相隨，我也欣然接受！

我是家裡第一個念大學的人。我的志願是當醫師或律師，有個體面稱頭的職業。後來我選擇當醫師，主修生物醫學。但到了大學三年級那年，我變得很焦躁，不希望接下來的十年都要在訓練中度過。我要立刻展開我的人生。我開始閱讀關於個人成長的書，包括拿破崙・希爾的《用思考致富》。我在這本書第一次接觸到「企業家」一詞。

我對於那一刻的記憶很深刻。我心想：等一下，**我真的可以創造我想要的一切？**我的心中燃起一股熱情，我要打造我的職業生涯，我的企業家夢想的種子就此種下。從那時候開始，我知道我要投入全副精神，以我自己的創造力，實現我的夢想。

我決定要做不動產投資，畢業之後就找到商用不動產鑑價師的工作。這份工作可以讓我打好未來投資不動產的基礎，而且我一邊學習一邊還能賺錢。接下來的幾年，我過得很儉樸，學習這一行的竅門。我背負著學生貸款，還有信用卡債，但是我的薪水只夠應付開銷，沒有多少閒錢可以還債。

有一天晚上我在外面吃飯，忍不住留意起隔壁桌的一對夫妻。他們看起來像兩個燈泡，發自內在的光芒很耀眼，有一種幸福的光彩。我也想擁有這種光芒。

我跟他們聊天。他們說他們的志願是完成鐵人三項，為慈善募款。我聽過鐵人三項，但從沒想過要參加。當時我一聽見就很想接受挑戰，所以隔天我就報名，那是我這輩子第一次參加，是要為淋巴瘤以及血癌研究募款。我的人生是從那時候開始變得寬廣，我發覺外面的世界好大，絕對不是只有我、我的職業，還有我的金錢而已。

我在人生第一次鐵人三項的訓練過程中，認識一些很棒的朋友，有些是抗癌成功，有些是家人正在抗癌。他們純粹是為了幫助別人。我看了很受鼓舞，也下定決心要繼續參加慈善募款的鐵人三項。

我參加鐵人三項，也認識了我的職業生涯中的貴人。第一位是另一位參賽者，我就稱呼他約翰好了。他擁有一家節水公司，想在我居住的休士頓附近開設新據點，要聘請我做業務人員。我評估以後，覺得節水服務的市場大有可為。但是我不想當員工，我想自己創業當老闆，所以我說我要獨立作業，純粹賺取佣金。他聽了很高興。

我在幾個月前，已經辭掉了鑑價師的工作，開始投資不動產，但現在我一頭鑽進節水的世界。我們的目標市場是大型社區大樓，經過我們的簡單維修與改良，就能大量節省用水量與用水成本。我們也能從未來省下來的水費抽成，作為酬勞。

我相信這個行業很有意義，也覺得應該很輕鬆。我很喜歡約翰的三贏商業模式：節省地球最珍稀的資源，也就是水，為屋主省下大筆金錢，也為我們的企業創造獲利。

但是四個月過去了，我連一次都沒成交。我的銀行戶頭只剩四百美元，但我不想放棄。我心裡知道遲早會成功。我決定了，要是真的沒辦法，我就晚上去做酒保，白天繼續推銷我們的節水服務。我會傾盡全力撐下去，絕不會放棄。

兩天後，我第一次成交，是四萬五千美元的合約，我的佣金是百分之十。又過了兩個禮拜，我成交了二十五萬美元的訂單，接下來的四年，我是公司的第一名業務，收入始終維持在六位數。

即使收入不差，我的生活還是極為儉樸，我還清了所有債務，還存下七萬五千美元。工作滿三年，公司削減我的薪水。管理階層說我「賺太多錢」。我雖然不滿，但當時的收入還是頗高，所以我沒有離職。一年後我再次面臨減薪，管理階層的說法是「妳不能賺得比老闆多」。這就是最後一根稻草。

我覺得是宇宙施加了壓力。對我來說，改變的時刻到了。我提出辭呈。之後的幾個月，很多人要給我工作機會，或是邀請我合夥，要給我新創公司的股份。這些機會雖然誘人，但我始終無法點頭。我後來才知道原因。我覺得要是接受這些機會，一年、兩年或是十年後，我又會回到同樣的岔路，又要受制於人，創造力與收入又要受限。我要完全主導我的未來。

我一一拒絕這些機會，思考下一步該怎麼走。我對節水很有興趣，也有自己的想法，但還不確定該怎麼做。有一天晚上，我跟一位朋友通電話，這已經是這位朋友第無數次聽我盤算未來的路。他打斷我的話，問道：「凱蒂，妳想不想自己開公司？」

我停頓下來，細細思考他的問題。我想到每一種可能發生的情況，從最糟的結局，也就是一敗塗地，存款全無，必須從頭來過，到大獲全勝，也就是日進斗金、得獎，對節水領域有所貢獻的強烈成就感。我也思考了介於這兩者之間的種種可能。我接受我的決定可能造成的各種結果，一顆心跳得好快。我對他說：「想！」感覺整個人充滿了恐懼與興奮。企業家的種子終於發芽了。

接下來的一個禮拜，我忙著幫公司取名字。這是我第一次學習傾聽我自己對於我的事情的想法。我徵詢親朋好友的建議，卻總覺得不對勁。到最後我把清單扔掉，問我自己：**你在做什麼？**答案很明顯：**我在創辦一家推廣節水的公司**。那就叫節水公司（Save Water Co.）。網址名稱也可以登記。砰！就是這個了。

我打電話給大學時期的兩位朋友。兩位先生都是單身，從事的職業與節水、配管完全無關。我問他們願不願意到我新成立的公司工作。我說，這裡的工作會很辛苦，薪水很少。沒想到他們兩個都願意。

我們沒有過往成績，所以在我們的第一個案子，我聯繫社區大樓的所有人，說我們願意免費服務，但他必須支付往後節省下來的水費的一半，作為我們的酬勞。他同意了。我們從下星期一開始，要在兩星期之內，翻修兩百一十八戶。我打算動用七萬五千美元的積蓄的很大一部分去做。

我到目前為止只當過業務人員，從來沒動手修過漏水，也沒換過蓮蓬頭跟馬桶。我的兩個朋友，節水公司的第一批也是唯二的員工，也沒有這些實務經驗。那個週末，我爸給我們三個上了一堂配管速成課。我們把我爸媽的主臥室浴室拆得亂七八糟，又恢復原狀，直到學會為止。

兩位先生在星期一早晨前往現場工作，而我則是忙著招攬下一筆生意。他們的學習曲線陡峭又恐怖。第一天完成一戶，還剩兩百一十七戶。第二天完成三戶。我感到恐慌上身。照這種速度，絕對不可能準時完工。我必須跳下來幫忙。所以接下來的十二天，我們三人一起工作。而且很辛苦。不過我們越做越上手，速度也越來越快，最後趕在最後期限的五分鐘之前，完成最後一戶。這次成功打響名號，社區下一次的水費整整節省了百分之四十四！

問題是我不能一直燒錢幫公司，我知道我必須馬上找到資金。這時我想起在慈善活動認識的一位銀行家。五年前他曾對我說：「妳總有一天會自己開公司，自己當執行長。」

我打電話給他。互相問候之後，我說：「你說對啦！我現在是我開的公司的執行長。我可不可以找你談談錢的事情？」

他合作的公司，規模都比我大得多，所以他將我介紹給一位專門負責小型企業的同事。這位同事與我坐下來談了一個半小時，我向他說明我們公司的業務。他問了我的背景與經歷，然後問道：「妳有沒有資產可以抵押？」我沒有。他要看我的營運計畫。

我說：「營運計畫？那是什麼？」我的心微微下沉。

他打量著我幾秒鐘，什麼也沒說，又面向他的電腦，用鍵盤敲出數字。

他又轉向我，說道：「我可以核准二十五萬美元的貸款。這樣夠不夠？」

我展露大大的微笑，對他說：「夠！」

我跟朋友說起這筆貸款，他們全都難以置信，對我說：「這怎麼可能！」從此我對於幸運的看法開始改變。按照傳統標準，我顯然沒有資格貸款，但這位銀行家顯然看見了比較深層的潛力，認為應該要給我一個機會。

還有一個小小的問題：貸款要能通過，我必須拿出貸款全額的百分之二十，也就是我現在拿不出來的五萬美元。但我相信我的運氣能助我度過難關。果然不錯。接下來的幾天，我談成兩筆生意，一位客戶將四萬九千七百美元的頭期款，直接存入我的帳戶。賓果。貸款通過了。

四年後，我們還清所有債務。我擁有三十七位員工，今年的營收可望突破七百萬美元。二〇一五年，我名列富比士雜誌的「三十位三十歲以下精英榜」。二〇一七年，我獲得「卡地亞靈思湧動女性創業家獎」。這個獎項在二〇〇六年開設以來，全球只有七十位女性得獎，我是其中之一。

我每次做決定，就問自己：**如何讓相關的每一個人受惠？**相關人士包括客戶、公司、員工、社會及環境。要解決這種等級的問題，必須具有強大的想像力，還要懂得跳脫框架思考。我可以很高興地說，到目前為止我幾乎每一次都成功。這種特別需要創造力的挑戰，是我覺得很有成就感的原因。我再也不擔心錢賺得不夠多。我發揮天生的才能，財富就會自然降臨。

那麼幸運呢？儘管來吧！我願意，我可以，我也承諾要盡我的能力，做最幸運的人，因為這代表我可以展現真實的自己，發揮我內在蘊含的創造力。

關於目標的最後總結

第四個自創幸運的祕密告訴我們，要主動改變我們的運氣，就一定要從忙碌的生活抽出時間，釐清我們真正的目標。探索內心深處，知道自己最喜歡做什麼，什麼能激勵你的內心，以及你最想表達的是什麼，了解這些會有很大的收穫。

你花了多少心力釐清你的目標，其實不重要。發掘你真心想追求的目標，並不是做一次就不必再做的事情。你會逐漸成長，逐漸改變，你的目標可能也會。今天就開始，只要用這一章的問題問你自己，仔細傾聽你的答案即可。

我們循著夢想與欲望的線索，一路從表層探索到心靈深處，就會自動發現更有意思，更為豐厚的目標。這本身就是一種報酬，但也很像閃亮的霓虹燈招牌，呼喚幸運的力量注意到你。

你運用四大基礎祕密，就能從生命的核心做出改變，進而改變你的運氣：

- 承諾要做個幸運的人
- 打開你的個人障礙，迎接好運氣
- 將你內在的羞恥，轉化為吸引豐富人生的磁鐵
- 重新檢視你的目標，調整成值得好運降臨的目標

這四個祕密能讓你打好自創幸運的堅實基礎。

下一章就是第三部分的開始，你會學到四個日常生活的祕密。記得每天做這些練習，幸運就會活生生存在你的人生。

向前走！

第三部

四個日常生活的祕密：每天做的轉運練習

5
第五個祕密
永遠都要大膽行動

「行動」加上「幸運」，就是實現人生所有願望的密碼。

——華特．馬修斯，《從各角度觀看人生》

第四個自創幸運的祕密，是要給幸運一個降臨的**理由**，第五個自創幸運的祕密，則是要創造幸運降臨的**機會**，而且越多越好。

你大膽行動，就能創造幸運降臨的機會。所謂大膽行動，就是嘗試新的東西，舉止更為自然，願意冒險，要求想要的東西，總之就是走出舒適圈。要把大膽行動看成宇宙的彩券，你越大膽行動，獲得幸運的機率就越高。

在這一章，我們會探討開創連串幸運的各種方法，也要研究如何戰勝追求幸運過程中的最大障礙：恐懼。

我們也會帶你認識這個寶貴祕密的另一個層面：付出能帶給你大量的幸運。倘若其他辦法都無效，那就暫時不要只關注你自己以及你在做的事情，到外面去幫助別人。你在情緒上、身體上，以及精神上便能做好準備，迎來滔滔江水般的好運！

稍稍混合

沒有意識就沒有選擇

——物理治療師、講師、作家約翰．巴恩斯

嘗試新的東西是開啟連串好運的重要催化劑。嘗試新的東西有很多種方式，你可以改變你的生活習慣，接受新的思想與方法，或是正面迎戰你不敢做的事情。要嘗試新的東西，最簡單也是最沒有壓力的方式，是改變你的日常活動。

很多人是以「自動駕駛」的模式過日子。每天同一時間起床，以同樣的方式準備上班，沿著同樣的路線開車上下班，跟同樣一批人說話，吃著同樣的食物等等。之所以這樣過日子，通常是因為我們發現這樣最有效率。但每天走在同一條路上，久而久之會在地面上走出一條深深的凹痕。同樣的道理，每天做同樣的事情，也會陷入窠臼。即使是理想、健康、有效率的窠臼，也會減少我們遇上幸運的機會。

今天就下定決心，要稍微新舊混合：去另一家商店買雜貨，換一種新的衣著風格或是新髮型，去一家沒去過的餐廳，試試你從未試過的異國美食，或是選個新的度假地點。打破你熟悉的慣例，就有更多的機會接觸不同的人、想法，以及前景。以這種更大膽的新意識面對人生，能振奮精神，提升活力，如同蓋爾所分享的經歷：

我發現我這輩子一直用右手刷牙，於是我決定換手，用左手刷牙一個月。我很想知道，這種小小的改變會帶來什麼後果。真沒想到，我整個人完全覺醒！而且我發現有意識地刷牙，才能感到真正的快樂，而不是一邊想別的事情，一邊機械式地刷牙。有意識地生活，才能用心體會每一刻。

我做的另一項改變，是每天變換上班的路線。有一條路線是最簡便的，但只要時間許可，我就開車走另一條路線，或是走另一條街再折回來。我就是不斷在生活中變換花樣。我發覺以覺醒的狀態生活，真的獲益匪淺。我變得比較機靈，比較開放，對周遭的一切感覺也更敏銳。

你變換每天散步的路線，或是開車走另一條路線上班上學，不但能看見新的風景，你的視野也會不同，對於周遭的世界感覺更敏銳。你能發現先前在「自動駕駛」狀態容易錯過的機會，運氣也因此變得更好。

赫特福德大學的心理學教授理察．懷斯曼博士，是第一位研究幸運現象的正向心理學家。他以一個很巧妙的比喻，說明改變例行公事的強大效益：

想像你生活在大型蘋果園的中央。你每天都要走入蘋果園，採集一大籃的蘋果。剛開始的幾次，你去哪裡並不重要。蘋果園到處都有蘋果，你走到哪裡都能採到。但到後來，你想在先前去過的地方找蘋果，會越來越不容易。你越是回到先前去過的地方，就越難找到蘋果。

但你若是每次都刻意前往從沒去過的地方，甚至隨處走走，你找到蘋果的機率也會大增。運氣也是一樣的道理。人生的機會很容易用完……但全新甚或隨機的經驗，能開創新的機會。

新舊混合還有另一個好處，你一旦決定要嘗試新的東西，就會比較自發、也更能接受跳脫框架的思考。你等於允許你自己發揮創意。

宇宙永遠有創意在發酵。根據天文學家的計算，每一秒大約就有三千個新恆星誕生！想像一下，你若願意發揮創造力，哪怕只發揮這種驚人的創造力的萬分之一，而不是永遠只打安全牌，會有什麼樣的成就。

你開始接受創意思想與靈感，不僅生活會更有趣，更精采，也會將幸運降臨的機率最大化。

樂於接受

所謂自然，就是……平靜接受無論最終結果為何，即使過程艱難，你也能累積正面的經驗，能提升你的自知與成功。

——絲薇雅．克萊兒，《信任你的直覺》

如果你接觸過即興創作課程，那你應該知道即興創作的首要規則，是接受觀眾或其他演員提出的任何挑戰。「你是餐廳裡的章魚、在享受蒸汽浴的愛斯基摩人、首度搭乘橫度大西洋班機的緊張乘客。」你「順其自然」，就不會一直關注自己，也不會想太多，還能走向出乎意料的地方。依循小小的衝動，不知道會走向何方，就有可能遇見神奇的事情。

身兼講者、教練，同時也是《全身智慧》一書的作者史提夫．西斯戈說過一段故事，可以證明敞開心胸，順其自然，會有意想不到的收穫：

一九九六年，想要闖蕩一番的史提夫安排了印度探索行程。他在孟買降落，搭公車到浦納，打算上冥想課，也要見識一下熱門旅遊路線之外的「真實」印度。

在浦納的第一天晚上，他悠閒走在路上，享受異國的風景、聲音、氣味，發現到處都有母牛。這些母牛想去哪裡就去哪裡，躺在街上跟人行道上，碰到什麼吃什麼。他很驚訝，這些母牛如此自由，如此「順其自然」。他將這種自由狀態稱為「母牛意識」，決定隔天親自試試看。

隔天早上，史提夫開始他的「順其自然母牛意識」試驗。他聽從內心的聲音，在市場一帶閒晃，看見巷子裡有一位先生向他揮手，要他過去。史提夫猶豫了一下，覺得好像不該跟著陌生人走進異國的巷子。但那位先生看起來像個好人，史提夫打從內心想跟他走，所以他就像隻乖巧的母牛，順從那人的呼喚。

史提夫走到那位先生身邊，那位先生說了四個字：「達賴喇嘛。」又指著停在他身旁的小型摩托車。他的意思很清楚：**我帶你去見達賴喇嘛**。史提夫內心充滿疑慮。他很想見他的偶像達賴喇嘛，但他也知道神聖的達賴喇嘛住在離浦納很遠的地方。見面的機率能有多大？但他傾聽內心的聲音，馬上有了衝動：**我這趟就是來冒險的，幹麼不去？**

史提夫先是祈禱，再坐上摩托車，坐在陌生人身後。他們穿梭在擁擠的街道，最後離開市區，進入鄉間。大概過了十至十五分鐘之後，那位先生放慢速度，把車停在路邊。史提夫看見旁邊的田地上，大約有十二名僧侶身穿橙黃與褐紅色的僧袍，圍成一圈坐著。圓圈的中間就是達賴喇嘛！

達賴喇嘛看見史提夫走過來，臉上頓時綻放大大的微笑，笑了起來。史提夫跟大家一起圍坐，仍在微笑的達賴喇嘛對他點頭。史提夫後來說，感覺達賴喇嘛好像知道他會來。

達賴喇嘛是用母語對眾人說話，口譯員將他說的話翻譯給史提夫聽：做人要真實，要忠於自己，即使遇到暴力行為，也要堅守非暴力原則。達賴喇嘛也提醒眾人，每一個人都該得到愛，而且我們**就是**愛。這番話大大療癒了最近歷經分手情傷的史提夫。印度之行早已結束，史提夫卻始終牢記達賴喇嘛的至理箴言，還有那次意外卻親切的相聚。

這趟旅程有許多決策點，「正常」的史提夫遇到了會退卻，會依據他固有的想法，判斷接下來會發生的事情，那就會錯過人生的最大亮點。

總是一成不變，或是專注的範圍太狹隘，就很容易忽略意料之外的機會。也許你會想：**等一下，專注難道不好嗎？**當然好，但我們的意思是死板、「褊狹」的視野，狹隘到會讓你再也看不見環境中的其他事物。研究證明，擁有寬廣的意識，**同時**又能強烈專注的人，會更為幸運。

這句話的科學根據，來自我們在這一章提過的英國心理學教授理察·懷斯曼。懷斯曼博士做過一個試驗，要求自認為幸運及不幸的受試者，計算報紙上的照片數量。

自認不幸的受試者仔細尋找照片，平均花費大約兩分鐘，算出照片的總數。自認為幸運的人卻只花了幾秒，因為懷斯曼在報紙的第二版印了一則大大的訊息：「別再數了，這份報紙有**四十三幅**照片。」自認不幸運的人只顧著找照片，沒看見訊息。自認幸運的人看得更全面。懷斯曼的結論是：

> 運氣的道理也是一樣。運氣不好的人容易錯過偶然的機會，因為他們全神貫注尋找別的東西。他們參加派對，一心一意要找完美的伴侶，錯過了結交好友的機會。他們看報紙，只看某些類型的徵才廣告，錯過其他類型的工作。運氣好的人比較放鬆，比較開放，因此能察覺到眼前的一切，而不是只看見自己要尋找的。

第五個自創幸運祕密的這一部分，也就是以開放的態度接受周遭的一切，順其自然，可能需要一些時間才能學會，尤其是對於控制狂，以及容易焦慮的人來說，但仍值得努力。你學會之後，不僅運氣會更好，各方面的生活品質也會提升。

接下來要介紹嘗試新東西的下一個，也是最困難的方法：做你害怕做的事情。

放膽去做

爬到樹枝上，那裡才有果子。

——吉米・卡特

想開啟連串好運，必須要有實際行動，總要下場才能贏，記得吧？最能開啟幸運的行動，是踏出舒適圈，勇於冒險。

冒險不一定要鋌而走險，也不一定要冒著生命危險。冒險也可以很尋常，例如跟陌生人攀談，學習新技能，勇敢跳入舞池，或是要求想要的東西。做這些事情感覺像冒險，因為你讓自己暴露在失敗、感覺自己很蠢，或是被拒絕的風險之下。大多數的人遇到這些情況，血液都會凝結成冰水。

我們為什麼那麼害怕失敗，害怕出醜？因為我們有生存本能。在人類居住在洞穴的年代，我們要是沒能扮演好自身應有的角色，或是被認定低下、不理想，或是被潛在的伴侶或部落排斥，生活品質就會降低，弄不好連命都沒了。恐怖喔！

如今失敗、羞辱與被拒絕已經不會構成生命危險，但我們的大腦從古到今都以同樣的區塊做出反應，也會極力避免這些情形。避開這些是可以帶給我們安全感，但也會將我們困在運氣不佳的境地。

我們很喜歡《萬一有用怎麼辦？》的作者蘇西．摩爾對於打安全牌的形容：「因為害怕，所以往後退，而不是向前走，也許會覺得比較安全，但其實並不會比較安全。你的人生不會更豐富，你也不會更有力量。我們人生中的種種（需要勇氣）的行動，永遠都會是我們最得意的時刻。」

要克服這種恐懼，以及隨之而來的癱瘓，有三種方法：

一、回應而不是反應

要分辨清楚，你所感覺到的恐懼是有現實依據，還是你的大腦的石器時代機制發明出來的。

如果有隻蛇要咬你的腳踝，那你害怕就有道理。這是恐懼原本的作用，提醒你趕快跳開。倘若你的安全受到威脅，一定要保護自己。

但「蛇」如果是你的大腦想像出來的，不但不能保護你，還會阻礙你，那就是另一回事。那就最好學會忽略大腦的自動恐慌反應。要把內心的恐懼，當成街上傳來的汽車警報器聲響。我們聽見警報，但知道有百分之九十九．九的機率，並沒有人在偷車，所以不會緊張，也不會報警。我們甚至多半不會感覺到任何情緒，頂多有點受不了噪音。雖然警報響起，我們還能繼續做著想做或必須做的事。

二、運用呼吸，改變身體的生物化學機制

呼吸是人體調節情緒的最佳機制，也能有效緩解我們害怕時，身體的緊繃。恐懼可以定義為「沒有呼吸的興奮」。我們一害怕或是焦慮，身體就會緊縮。我們會屏住呼吸，或是淺淺呼吸。如此便助長了恐懼的生理機能，讓我們更加煩亂。

恐懼也會改變我們對世界的看法。焦慮發作的人視野狹隘，只看得見周遭環境的一小部分，因此會覺得這個世界很恐怖。恐懼會製造更多恐懼，將我們困在特別負面的回饋迴路。索發克里斯說得對：「對恐懼的人來說，處處皆杯弓蛇影。」

幸好只需要三次深呼吸，就能減輕恐懼。研究顯示，只要三次長而慢的健康呼

吸，就能啟動身體的副交感神經反應，開始將「壓力化學物質」趕出你的身體。你在煩惱的時候不忘深呼吸，就能將負面的恐懼，化為正面的興奮、機警，以及愉快。

三、面對你的恐懼

有時候我們會被恐懼打敗。理性告訴我們不需要害怕，但我們內心那個嚇壞的孩子不相信。有時候一定要經歷恐懼，才能走出恐懼。我們兩個人的另一半都有類似的經歷，可以證明正面對決是克服恐懼的最佳方式。

卡蘿的先生賴瑞在八歲那年看了電影《金剛》，簡直嚇壞了。他做了一個禮拜的惡夢，再也忍受不了，決定親自去見金剛，決一死戰。他不想再害怕下去了。有一天晚上，他等到家人就寢之後，偷偷溜出家門（位於科羅拉多州的山麓丘陵），走到附近的空地，準備要與金剛對決。他在石頭上坐了一個多小時，抬頭望著四周的山，等待金剛降臨最近的山頂，與他決鬥。但夜晚寂靜依舊，最後賴瑞只好回家睡覺，但從此再也不懼怕金剛了！

蓋爾的太太凱蒂多年來始終怕搭飛機。她的工作需要出差，所以躲不掉飛行。

她運用呼吸調節法，比較能忍受飛行過程，但用盡辦法也沒能徹底消除焦慮。某一天她覺得受夠了，毅然決定去跳傘。果然有效！在一萬兩千英尺的高空，從飛機往下跳，完全消除她的恐懼。現在的她可以毫不猶豫，搭著飛機到處飛。

套句莎士比亞說過的話，懦夫死一千次，英雄只死一次。你發現你的恐懼與擔憂，帶給你的困擾超過你所恐懼、擔憂的對象，「深入虎穴」就是唯一的辦法。

二十秒的瘋狂勇氣

有時候你需要的只是二十秒的瘋狂勇氣，真的只要二十秒尷尬的勇敢，我保證你會有很大的收穫。

——演員麥特・戴蒙在電影《我們買了動物園》飾演的班傑明・密

我們已經證明，想開啟連串好運，必須勇於承擔風險。好消息是你不需要一直勇敢，只要在關鍵時刻展現勇氣即可。需要挺身而出的關鍵時刻，通常只有幾秒鐘，所以只要能把握時機，適時爆發勇氣，就能度過難關。卡蘿發揮「二十秒的瘋狂勇氣」，開口要求她想要的，**而且**不退縮，改變了她的一生：

幸運喜歡眷顧勇者。

——拉丁諺語

卡蘿的故事

在心靈雞湯系列的發展初期，我的好友瑪爾西・西莫夫拿到合約，要與傑克・肯菲爾德，以及馬克・維克多・韓森合著《給女性的心靈雞湯》。瑪爾西知道我在大學主修文學，也知道我喜歡做研究，所以聘請我為她書中的故事尋找素材。

那時還沒有網路與Google，我到圖書館去，花了幾小時耙梳報章雜誌，尋找能啟發女性的文章。我找到幾則，但實在不曉得該如何寫，才不會流為剽竊原版的故事。這時我腦中的燈泡一亮，決定要找到故事中的女士，一一訪問，再以第一人稱寫下她們的故事，彷彿是我個人的親身經歷。瑪爾西也認同我的構想，願意支付更高的稿費給我。我挖掘出這幾位女士的電話號碼，就這樣開始進行。

我的閱讀量很大，卻從未寫作過。但我發現我有代筆的天分。我在訪談中能問出切中要點的問題，也能輕易以別人的口吻寫作。

我把寫好的故事寄給瑪爾西，她看了很喜歡。《給女性的心靈雞湯》於一九九六年出版，我看見書中收錄了三則我寫的故事，開心得不得了。這本書立刻登上《紐約時報》的暢銷排行榜，總共賣出幾百萬本。瑪爾西賺了很多錢，我也為她高興，但我不禁覺得，**這本書的故事是我寫的，瑪爾西身為共同作者，負責這本書的管理、彙整、編輯，以及行銷，賺的錢卻比我多很多。我哪裡做錯了？**這樣想感覺是浪費時間，所以我也就擱下這個念頭。

不久之後，我接到馬提・貝克醫師打來的電話。他是獸醫，但可不是一般的獸醫。他是「早安美國」的獸醫，經常在全國播放的電視節目出現。他也是寵物專欄作家群之一，同時也是全世界研究人類與動物之間感情紐帶（亦即他稱為的「紐帶」）的權威。馬提要與別人合著《給寵物飼主的心靈雞湯》，瑪爾西向馬提推薦我為這本書當寫手、做研究。我超喜歡動物，尤其喜歡狗，瑪爾西覺得我很適合做寫手。

馬提在電話上對我說，幾個月來他透過他的專欄，還有他在全球各地的獸醫學院舉辦的「紐帶」講座，邀集寵物飼主的故事，累積了大量故事。他問我願不願意仿照先前與瑪爾西合作的模式，與他合作寫這本書。合作的第一步，是他要寄幾篇他蒐集來的故事給我看。

我收到他寄來的包裹，裡面有裝訂好的六英寸厚的一疊故事，我記得我把最上面的五則抽出來。我坐在辦公桌前閱讀，越看越覺得有意思。我看完以後，靠坐在椅子上，凝視著前方，頭腦不斷旋轉。這五則故事當中，四則是我所謂的「殺手級故事」。如果說滿分是十分，這些故事可以得十一分，看完會高興，會哽咽，會笑，或是感覺受到鼓舞。我當然想做這本書。

馬提跟我約好那天要談。我坐下來進行我的午後冥想，腦海浮現的念頭是：**我不要只幫《給寵物飼主的心靈雞湯》做研究，當寫手，我要當共同作者**。這個念頭很強烈，問題是要怎麼實現呢？

一小時後，電話響了。是馬提打來的。我們寒暄了幾句，談起要合作的書。馬提問：「妳覺得那些故事怎麼樣？」

關鍵時刻來了。我說了一句我自己都很驚訝的話：「有好消息跟壞消息。你想先聽哪一個？」

馬提吃了一驚，遲疑了一下才說：「呃……好消息吧？」

我說：「這本書會賣到爆！這幾個故事太精采了，我願意跟你合作！」

「太好了！」他說，「那壞消息是什麼？」

「我不想只做編輯跟研究。」我對他說，「讓我當共同作者，我才願意合作。」

經過幾秒的尷尬，馬提才說：「妳是在說笑吧？」我沒有回應，他又說道：「抱歉，真的沒辦法。」

我說：「我明白。」我真的明白。這個要求是過分了些。在那一刻，我覺得胃部一緊，所有的恐懼湧上心頭：**我需要這筆錢。我還會不會有這麼好的機會？我是不是太傻？太貪？我應該說願意接就好了。**

這些話我都沒說出口，反而說了一句改變我一生的話。「那我就把這些故事再打包寄還給你好了。寄到包裹上面的地址可以嗎？」

這是我做過最勇敢的事情。我寧願破局也不願妥協，決心追求我真正想要的。

電話又沉默了一會，馬提說：「等一下……我們再想想辦法好不好？」

「這個嘛，」我說，「能有什麼辦法呢？」

我們又談了十五分鐘。我跟他說了我適合當共同作者的所有理由：我做過瑪爾西的書，知道該怎麼把故事寫得動人。我超愛寵物，知道寵物飼主在意什麼。我會全職寫作這本書，會竭盡全力，大大減輕他的負擔。像他這樣的大忙人，當然需要我幫忙！

我的話說到他的心坎裡。我們最後決定要盡快見面，馬提會跟傑克還有馬克商量安排我成為共同作者，敲定版稅抽成。

後面的事情就像俗話說的，是眾所皆知的歷史了。歷經幾番協商，我成為《給寵物飼主的心靈雞湯》的共同作者。這本書衝上暢銷排行榜榜首。我又寫了心靈雞湯系列的五本書，也因此得以與思想領袖及勵志講師合作，寫了幾本自助書籍，合作的對象還包括蓋爾．亨崔克斯！這些書當中有五本登上《紐約時報》暢銷排行榜，其中一本還是榜首。接下來的幾年，我的財務狀況以及寫作技巧大有精進。

表面上看來，我似乎很幸運。但我知道，我的幸運來自幾乎被恐懼淹沒的那一刻，以及戰勝恐懼的勇氣。

在你的人生中，不必刻意一直勇敢，應該要細心留意機會之窗，遇到就要趕緊把握。失敗並不是永遠的，遺憾卻是。而且有一個事實可以鼓勵你：成功會衍生更多成功。你成功克服一個風險，要再次克服就會容易得多。

當然，有了運氣也要專注、熱誠、堅持，好運才會接連報到。

這個祕密還有一個部分，會讓你感到意外。你偶爾忘記好運，反而能開啟好運。

對他人付出，能化解「幸運氣塞」

幫助別人不必有理由，對別人付出也不必期待回報。

——羅伊．班奈特，《心中的光亮》

你聽過氣塞嗎？在比較古老的車款，有時候液態的汽油會變成蒸汽，導致氣體管線阻塞，引擎得不到運轉所需的燃料。我們也常遇到類似的情況，壓力，尤其是自己製造的壓力，會在體內堆積，除非我們能釋放壓力，否則無法得到想要的好結果。

這個自創幸運的祕密的最後一部分，是我們在上一章學到的延伸：付出的力量。即使你已經設定對他人有益，值得幸運降臨的目標，有時候如果能忘卻你自己，想想「我現在能為別人做什麼？」，還是會有很大的好處，尤其是你碰到瓶頸，無計可施的時候。

卡蘿的同事兼好友卻莉．坎貝爾是作家、講者，也是全世界最正面的人。她說，在這種時候，她會花時間對別人付出。她會先盤點她認識的人，再問自己，**我今天能幫助誰？**她參加別人開設的課程，購買別人的產品或服務，尋找她能介紹互利互惠的對象，打電話問鄰居好友需不需要她幫忙，寫文章推薦優良的企業、書籍，以及服務。總而言之，她想盡辦法幫助別人成功。那結果是什麼？卻莉寫道：

我做這些事，自己也遇到很神奇的事情。我幫助別人，等於幫助自己。我讓別人開心，自己也會開心。我照亮別人的生活，自己的生活也會明亮。障礙就這樣打破了。阻礙我的東西就這麼消失了。有人透過別人介紹，「突如其來」打電話給我。無論是來電的這些人，還是向他們推薦我的人，我全都不認識！金錢與好事又向我湧來。

——卻莉·坎貝爾，《富有的精神》

蓋爾也分享一個類似的例子：

幾年前，我跟罹患憂鬱症的客戶通電話。我聽見他大口呼氣，話都講不清楚，顯然目前的生活是一片黑暗。我靈機一動，問他：「你最近有沒有發現哪些地方需要改善，或者別人有哪些地方需要你幫忙？」他沉默了很久，才說：「有耶，我今天回到家，看見住在樓下的老女士的陽台髒髒的。她現在這個年紀，已經揮不動掃把了。」太好了。我請這位客戶先去掃地，我在線上等他。他忙了一會，回來以後，我立刻發現他的呼吸變得正常，吸氣與吐氣比剛才完整，也比剛才平衡。籠罩這位先生的黑暗盔甲開了一條縫，給了我機會與他一起解決困擾著他的深層問題。

純粹為了付出的快樂而付出，能將妨礙你得到幸運、愛、幸福、金錢、精力，以及創造力的「氣塞」掃除一空。施與受是同一個循環的一部分。兩者你都需要。

第五個自創幸運祕密告訴我們，你創造好運所做的努力既要講究量，也要講究質。要駕馭幸運的風向，你必須揚起船帆，也就是要大膽行動，設法對他人付出，也要一再揚起船帆。

下一章會談到你來往的對象，會是你提升運氣的阻力或助力。

6

第六個祕密
找到你的幸運部落

不要渾渾噩噩交朋友，你的時間要怎麼用，用在誰身上，都要講究。你終究要負責創造你的環境，而你所創造的環境也會創造你。

——作家兼攝影師阿曼達．魯莎

要改變運氣，最好少跟運氣不好的人來往，具體來說，就是那些在不知不覺中，將你拉進「我們很不幸」陰謀的親朋好友。

「陰謀」的英文字 conspiracy 源自拉丁文 conspirare，意思是「一起呼吸」。也許你跟我們一樣，發覺自己花太多時間，跟不幸的人呼吸相同的空氣。要改變運氣，就要花更多時間，跟幸運的人一起吸收氧氣，組織一個幸運陰謀集團。

研究發現，你經常相處的對象，對你人生的一切都會有實質的影響，從你的健康、壽命，到你的道德觀與世界觀，尤其是你的心態。而研究已經證明，心態與運氣密不可分。

情緒是會傳染的

厄運陰謀集團的一大特色，是成員之間會分享受害者故事。所謂受害者故事，就是說故事的人將自己形容成受害者，將別人形容成加害者。有一位資深的酒保告訴我們，他這麼多年在吧台學到的教訓，就是很多人喜歡埋怨自身的厄運。想想那些喜歡借酒澆愁，逢人就訴苦的傢伙，這些人只是常見的厄運陰謀集團之一。這種集團還有很多。

例如到了繳稅季，常有人喜歡說納稅人是如何受到國稅局與政府迫害。蓋爾發現他自己有一次也這樣。那次是他開了一張二十八萬五千美元的支票給國稅局：

當時那是我繳過最大的一筆稅款。我發覺我的腦海不斷浮現同一則受害者故事的大同小異的版本。在故事中，我是個辛勤工作的可憐人，不得不上繳一小筆財富給政府，好讓他們去買大人玩的戰爭玩具，與建通往天之涯海之角的道路。我跟幾位朋友分享這個故事，他們也樂意分享自己受到國稅局這個魔頭迫害的經過。

幸好我在天才太太凱蒂的教化之下，有所覺醒。有一次我又發起國稅局牢騷，她打斷我的話，輕輕問道：「我們賺了這麼多錢，光是稅就要繳二十八萬五千元，難道不該高興嗎？」

我的大腦跟這個以往無法想像的念頭搏鬥，暫時停止運作。過了一會，我發覺我喜歡凱蒂的故事，遠勝於我自己的故事。她的故事是喜悅，賦予力量的故事。我的故事則是一頓牢騷，證明在對抗邪惡帝國的戰爭中，我們全都是輸家。在我的受害者故事中，無恥下流的安納金天行者國稅局總是勝出。

我立刻調整我的故事。在我的新版故事，我很樂意繳那麼多稅，因為這代表一年來成果豐碩。我們出了一本暢銷書，出現在兩個熱門電視節目，其他的事業也很順利。凱蒂和我沒有埋怨政府要把稅收花在哪裡，而是動手開出支票，祝福這筆錢會用在最好的用途。

不過事情到這裡還沒完。我還要努力，才能擺脫受害者思考的習慣。這也不容易，因為這代表我也要擺脫跟其他受害者在同溫層取暖的惡習。

我使用的治療方法，也許你也會覺得管用。我翻閱著通訊錄，心裡想著一個問題：**我是否曾經跟此人交換過受害者故事？**

我發現我確實跟幾位認識的人交換過受害者故事，自己也覺得驚訝又惶恐。其中有兩位是家人，其他是朋友，不過他們都有一個共同點：他們覺得我說得對，我也覺得他們說得對，我們就是受害者，被政府、過去的經歷、前任配偶、原生家庭，變幻無常的天氣所害。我們共同的受害者經歷，是我們交換的貨幣，也是維繫我們關係的黏著劑。

我們也建議你嘗試這個方法。看看你的電話簿、你的臉書好友，你的工作通訊錄，你的任何聯絡對象的清單。每看到一個人，就閉上眼睛，感覺一下你與此人之間的能量。不出幾秒鐘，你就會徹底明白誰是好運陰謀集團的成員，誰會強化你的不幸思想與行為。

你在這個過程中，可能會發現有些親朋好友並沒有與你交換受害者故事，但你覺得他們不太支持，不太認同你的成長與成功。也許你的改變讓他們憂懼，也許他們不認同你所選擇的人生方向。不必在乎原因，這些人沒有資格加入你的幸運部落，至少目前沒資格。

向前走（也要向上）

你無法改變身邊的人，但你能改變誰在你身邊。

——無名氏

你發現哪些人**不屬於**你的幸運部落，追求幸運的下一步，就是巧妙疏遠這些人，結交更正面的新朋友。

這並不代表要排斥或斷開那些不屬於你的幸運部落的人，但要盡量減少與他們相處的時間，至少要等到你強大到可以（一）抗拒以往分享受害者故事的有毒習慣，或是（二）不會因為他們不支持、不認同你的目標或理想而感到灰心。

如果你必須疏遠的對象是老友，甚至家人，那可就不容易！企業主與勵志講師葛連·阿岡契洛告訴我們，他在「迅速逃開」的同時，如何維繫與至親的關係：

我來自一個大家庭：我媽有十二位兄弟姊妹，我爸有五位。我在聖地牙哥長大，跟兄弟還有媽媽一起住，我們家方圓十英里，住著我媽那邊的大約一百位親戚，包括表親、阿姨、舅舅。這些親戚多半生活在幾代同堂的大家庭，他們的人生哲學很明確：找到好工作，找到一間公寓（要夠大才能跟家人一起住），一直住到退休或是死亡，無論哪個先到。

我仿效他們的榜樣，到護理學院念書，但在畢業前不久，我覺得醫學並不適合我。我在保險公司工作賺學費，發覺我不但擅長，還很喜歡這份工作！我想繼續從事保險業。

我的家人都嚇壞了，認為我當護理師的收入，比從事保險業好太多。但我在意的並不是錢，而是做哪一行比較快樂。我覺得最好跟家人之間保持一點距離，他們的反對才不至於形成真正的裂痕。

何況他們的人生願景也與我不同。我很愛我的母親與兄弟，但我不想這輩子都跟他們一起住在公寓裡。我覺得要是繼續住在家裡，恐怕敵不過家人的引力，所以我決定移居長灘，距離聖地牙哥大約有三小時車程。

我告訴母親，我想搬走的理由，就跟年輕的她從菲律賓前來美國的理由一樣：想成長，想擴展人生。我鼓足了勇氣，因為我不知道媽媽還會不會生氣，甚至排斥我。但我說的話媽媽聽進去了，也能理解，還祝福我。我覺得媽媽的態度有所轉變，是因為我說出發自內心的真話。

我搬離之後，每隔一週的週末開車回聖地牙哥探望親朋好友。那是十八年前的事了。我在長灘過得很好，跟家人也依舊親密。我的兄弟是我最好的朋友之一，我媽是我崇拜的英雄之一。我是我兩位姪兒的教父，很喜歡跟他們相處。我現在還是會在隔週的週末開車回家。我覺得我是魚與熊掌兼得。

葛連的故事讓我們明白，脫離會影響你運氣的環境，並不代表一定要斷開親朋好友。你可以保有你所擁有最好的東西，又不必受其限制。比較重要的是你所邁向的目標，也就是找到你的幸運部落，多多結交那些能支持、欣賞你的成長與成功的人。

在你的原始環境綻放：找到你的喘息地

找到能讓你的身心靈更自在，能因你喜樂而喜樂的人。找到真心愛你，真心接受你的人。喜歡、接納的是真正的你。確實有這樣的人。你的部落在等你。要繼續尋找下去，直到找到為止。

——自我成長書籍作家與講師史考特．史塔柏爾

大多數的人跟葛連不同，無法搬離家中，到別處重新開始，所以我們必須在目前的生活環境，主動組織一個幸運部落。部落的成員包括我們已經認識，卻很少相處的人，還有新認識的人。

找出部落成員的方法，是相信你的身體提供的情報。你在這一章已經分析過你的通訊錄，等於啟動了這個過程。你的身體能立刻知道誰能讓你提升，比你的大腦更快，更清楚知道。有一些生理信號，能告訴你哪些人是應該來往的對象。要辨識這些生理信號相當容易。只要留意這些身體的線索：

一、你的呼吸

你來往的對象，應該能讓你呼吸得更輕鬆。這代表這些人帶領你走向你的本質，走向真正的你，而不是阻礙你更愛自己，更了解自己。

二、你的眼睛

你來往的對象，應該能讓你的眼睛一亮（他們看見你也會眼睛一亮）。眼睛一亮就像真心的微笑，是一種自主反應，是瞬間發生的，無法假裝。

有人說眼睛是靈魂之窗。所以我們透過自己的眼睛，也能辨識我們的「心靈團體」的其他成員。

三、你的腹腔神經叢

要留意你的腹腔神經叢的感覺。腹腔神經叢位於心臟之下，肚臍之上，軀幹中央的部位。這一帶感受到的感覺，能給予我們很多訊息。得知壞消息，這裡會有下沉的感覺。興奮的時候，這裡會「發抖」。感覺壓力大，肚子會「打結」。腹腔神經叢是我們的直覺的所在地。你遇到幸運部落的成員，這裡會覺得振奮。

接收身體的觸角發出的信號，是找出你想來往的對象的好辦法。下一步是要研究**如何**善加利用相處的時間。

加快你的自創幸運進程

你的部落（將會）伴你度過艱難的日子，讓你這一路走來有開心的理由。
——作家妮基．羅維

第六個自創幸運祕密的重點，是結交希望你成長，希望你成功的正面人士。所以如果你經常與這樣的人來往，一起散步，一起吃飯，一起看 Netflix，或是一起看體育賽事，一起去劇院，那你的進度已經超前不少。但如果你想搭上自創幸運快車，我們建議你採取更多行動，包括單獨行動，以及與幸運部落成員一起採取的行動。

要結交地球上最幸運，最有影響力的人，有個好辦法是接觸個人成長的有聲節目、影片，以及書籍。如果你一天能抽出十五至三十分鐘，吸收圖書館、書店，網路上提供的智慧，你的人生所得到的收穫，會強大到讓你吃驚。任何人在任何地方，都能吸收全世界的幸運部落所分享的智慧。

如果你很幸運，身邊就有親人是幸運部落的成員，那我們建議你找一位良師、組成智囊團或支持團體，選擇一位監督伙伴，或者這三件事情都做（可以運用第四部分介紹的資源）。透過這些方式結交的對象，能掌握事情的關鍵，也和你擁有同樣的理念。你的部落成員不見得要是頂尖成功人士。你並不是要「沾幸運人士的光」。要改變你的運氣，只要多跟那些相信運氣可以改變的人相處，便已足夠。

有些人會無所不用其極追求個人成長。蓋爾曾經收到一封電子郵件，寄件人是一位女士，住在巴基斯坦的偏遠地區。她寫道，她每月會有一天，徒步從她居住的村莊走到二十五英里之外的城鎮，觀賞心靈電影俱樂部播放的電影（俱樂部由蓋爾成立，每月播放勵志電影給會員看）。那個城鎮有人繳了會費，開放其他人一起觀賞影片。這位女士說，她早上出發，走上二十五英里的路，就來得及在晚上觀賞電影。她會在城鎮過夜，隔天再走回她所居住的村莊。她很感激有機會看電影，也很感謝看電影所帶來的知性與心靈成長。

還有一些人面臨更嚴重的障礙。我們兩個都收到來自其他國家的人士來信，說在他們的國家找不到我們寫的個人成長書，所以請我們寄幾本過去，好讓他們組織讀書會，一起閱讀、討論。在某些國家，例如鐵幕倒塌之前的東方集團國家，以及專制宗教政權國家，這些人是祕密聚會，冒著失去生命與自由的風險追求個人成長，也幫助他人成長。

利用我們居住的「地球村」

重要的不是你從哪裡來，而是你要去哪裡。

——歌手艾拉．費茲傑羅

如果你在家附近找不到可以聚會的伙伴，可能就要到離家遠一點的地方去找。還好現在有網路，你不必走出家門，也能找到伙伴。加拿大人莎拉．拉爾曼南跟我們分享一個故事。她在人生的黑暗低谷，找到了**虛擬**幸運部落，後來又發生了什麼事：

莎拉的故事

要跟只會助你向上提升的人來往。

——歐普拉．溫芙蕾

唯一比跌落人生谷底更慘的，是一個人置身人生谷底。

在我跌落人生谷底的兩年前，我從家鄉加拿大安大略，搬到卑詩省溫哥華島的衝浪小鎮，好讓前夫與我一起撫養分別是七歲、十歲與十三歲的三個孩子。前夫與我都想換個地方重新開始。我還沒想好下一步該怎麼走，他倒是想好了，我也願意配合他的選擇，安排孩子們住校一年，用這段時間思考下半輩子想怎麼做。我以前從事不動產投資與管理，現在想拋開這一切。

一年來了又走了，接下來的一年也一樣，我就在這裡，在一個仍感陌生的小鎮。

最大的問題是我根本無法融入。我喜歡城市生活，喜歡參加文化活動，去高級餐廳用餐。我平常出門都會盛裝打扮。在這個人人都穿人字拖、短褲，頂著細髮辮，除了衝浪幾乎無事可做的地方，我顯得格格不入。

問題還不只這樣。我坐在租來的公寓裡，盤點我的人生，發現竟然找不出一件值得高興的事情。我寫下清單：

工作：慘澹。我以為我在溫哥華島只是暫時停留，所以始終沒有找全職工作，現在只在我居住的出租公寓打打雜。

財務：很緊。我靠積蓄度日，出去的銀子比進來的多。

感情生活：空虛。交往都沒結果。搬家之前不久，我迅速瘋狂愛上一個人，到頭來卻是一場空，我至今還在療傷止痛。

朋友：太少。固有的支持系統遠在幾千里之外，我在這裡結交幾位漂亮的女性朋友，但友誼並沒有深厚到能讓人家聽我訴苦。

健康：慘兮兮。我有自體免疫的毛病，後來才知道是由壓力，加上沒有好好照顧自己所引起。

原生家庭：一塌糊塗。我成年以後，與母親沒有來往。跟我感情很好的父親，在我搬離安大略之前去世。為了遵守父親的遺願，包括他遺留的事業該如何經營，遺產又該如何分配，我跟幾位手足起了衝突，著實頭痛不已。

夫家：很得體。我離婚之前，夫家的人待我很好，離婚之後就再沒聯絡。我到現在還很難過。

與前夫的關係：不好。我們任何事情都不對盤。搬家一年之後，我想帶著孩子離開，但他聲請調解，要把孩子留在卑詩省，而且贏了。我感覺被困住，對他充滿怨恨。

與子女的關係：很好！我的人生只有這方面正常，不過回顧從前，我發覺就連這方面，也被我自己的問題所拖累。

我開完清單，深深嘆息。以一至十分評分，我給我自己「一分」，比較順利的日子是「兩分」。最悲哀的是我找不到出路，也找不到人幫忙。

接下來的幾個禮拜，我只是努力走下去。

然後就出現轉機。

有一天我看著電子郵件信箱的收件匣，打開一封我認得的暢銷作家兼轉型領導寄來的郵件。她開辦為期一年的個人指導與智囊計畫，叫做「你的奇蹟之年」，開放八位女性參加，感覺簡直像為我量身打造的。

兩年來我一直覺得**我需要一位導師，人生需要一位可以請教的女性**。現在不但能有一位導師，還能與其他七位女性參加同一個團體，幫助彼此「實現夢想人生」，我興奮到了極點，心中騰然升起響亮的「**當然好啊！**」。

這筆費用可不小，但我心想：**我要是不參加，真不敢想接下來會弄到什麼地步**。我填好申請表，完成面試，也很高興能順利通過。

我們全體第一次在Zoom見面，我就知道我的決定是正確的。我的導師、另一位共同導師，還有其他七位女性都超優秀的，堅強、美麗、直爽，努力追求成長，也樂意幫助彼此成功。我立刻就感受到一種真誠、坦然的氣氛。

我們一開始為自己訂下目標，我的目標是為我自己，還有孩子們找到合適的房子，還要找到好工作，好對象，也要調理好我與自己的關係。我們也約定要密集聯繫：每週兩次與監督伙伴打電話或傳簡訊，每週一次與小組成員通電話，每月一次與我的導師、共同導師、教練，還有整個團體通電話，還要進行三次一對一課程。

我的轉變立刻就開始。第一次電話會議在九月登場。我依據導師的指導，還有團體成員的鼓勵，立刻開始尋找新家。我的兒子跟我決定要用一個週末的時間，看看卑詩省基洛納一帶的房子，從我們現在居住的溫哥華島，往內陸走四百英里就是基洛納。我才在那裡待了幾小時，就深深愛上，決定要搬到那裡。

孩子們都想跟我一起搬走，但我的前夫就跟上次一樣反對。我對孩子們說：「聽我說，我先去基洛納安頓好，整理得漂漂亮亮的給你們住，也會請爸爸過來。我們會盡量找時間見面。」

我離開孩子，心都要碎了，但眼下沒有別的選擇。我知道非搬家不可，不搬家就不可能改善生活。

到了十月底，我參加課程才幾個星期，就把行李裝上車子，開到基洛納，搬進新租的房子，開始準備卑詩省的房地產經紀人執照考試。

我可以百分之百確定，沒有團體的支持，我**絕對不可能**踏出這一步。以前就只有我一個人在思考，我只會覺得：**唉，難道我瘋了不成？**但後來我把想法跟這一群女性，跟我的「奇蹟姊妹」分享。她們了解我，也知道我的人生願景，我徵詢她們的意見，對我自己的選擇也增添了不少信心。

我的監督伙伴海瑟跟我立刻結為好友。我們幾乎每天都會通電話或傳簡訊，大量傾聽彼此要說的話，也互相提供意見。我如果覺得海瑟沒有誠實面對自己，就會問些問題，把事情整理清楚。她也會這樣幫我。我們從中學會面對自己，面對自己所處的現實。

我的導師與共同導師也指點我不少，特別安排的個人成長專家一對一課程也讓我學到很多。我的「家庭作業」是接觸個人成長相關的書籍、影片，以及網路研討會。我整個人浸淫在成長與共同創造的文化當中。

孩子們跟我大約一個月見一次面。有時候他們來找我，有時則是我去找他們。即使忍受分離的苦楚，我的人生仍然大有起色。

快轉到兩年後。我又做了一份人生清單，內容是這樣的：

工作：哈利路亞！我現在是全職的催眠治療師兼轉型顧問。我從事房地產業一年之後，決定要做真正想做的事：幫助別人克服難關。我受過快速轉型治療法（RTT）的訓練，現在的工作是我做過最有成就感的。

財務：改善中。我還在培養客戶，但財務已經漸入佳境。而且說真的，做自己喜歡的工作，置身成功職業生涯的初期，感覺確實遠勝過從前一邊承受財務壓力，一邊做著沒成就感的工作。

感情生活：美滿到不行。我現在的對象是我所交往過最好的。我移居基洛納不久，就經由我所任職的不動產公司，認識一位先生。當時的我正漸漸愛上自己的人生，沒有費心尋找，愛情就如同奇蹟般降臨。

朋友：很多。我再也不覺得自己是孤軍奮戰。現在的我建立了很大的人際網路，我的新男友也有貢獻，但主要還是因為我很快樂，願意敞開心房交朋友。我的喜樂似乎也吸引別人走向我。

健康：前所未有的理想。我的壓力大幅降低，健康幾乎是立刻好轉。我參加指導課程，也學會一種方法，不但能消滅自我侷限的想法，還有強大的療癒效果。

原生家庭與夫家：關係改善很多。夫家跟我重新建立關係，現在也常見面聊天。我的原生家庭也走在和解的路上，努力達成新的正常狀態，彼此相處更為平和，更懂得互相尊重。

與前夫的關係：好極了。我們的親職合作相當順利。前夫有時來探望我，還會住在我家，跟我的男友也相處融洽。

與子女的關係：他們現在跟我一起生活，幸福得很哪！起先我每個月探望他們，八個月後他們對爸爸說，等到學校六月放暑假，他們就要搬到基洛納。他說：「我不搬。」

他們說沒關係，也把仍想搬家的理由一一說給爸爸聽。我的前夫考慮了兩個月，終於同意讓他們搬來跟我住。

孩子的爸爸一反先前的態度，是最大的奇蹟。我相信奇蹟的最大推手，是我的決定。我決定聽從團體的指導，改變我對前夫的看法，往後想到他，說起他，都只從正面角度出發！這是另一個我若是沒參加課程，就不會出現的突破。

現在以一到十分評分，我得「九分」，有時還會衝上「十四分」！我現在最常說的一句話，是「我愛我的人生」！

指導團體課程對我來說，是在最合適的時機出現的最合適的選擇。課程幫助我重建自信，再度相信自己，成就了現在的我。我也學到正面關注的力量，其他學員的參與更是增強了這股力量。

現在我在基洛納定期與一群女性見面。經過那一年密集的「姊妹交流」，我現在很喜歡與樂觀積極的女性來往。她們想知道我的情況，也會盡力幫助我。我對她們也是一樣。我們知道能從彼此身上得到鼓舞。

我們兩個都可以保證，結交好的朋友，確實能改變人生。過去三十年來，卡蘿每隔一週與一個女性團體見面，分享彼此的斬獲與目標，互相支持以克服改變與成長的路上，難免會經歷的風暴與動盪。許多年過去了，團體成員也散居各地，包括紐西蘭，所以只能透過電話見面。協調彼此的時區雖然麻煩，終究還是可行。卡蘿很少會錯過電話約會。

蓋爾也有定期與幸運部落碰面的習慣，也因此獲益良多。他在職業生涯之初，與其他兩位心理學家開始定期聚會。雖然不是正式的智囊團體，但他們三人會挑戰彼此的想法，分享各自遇到的種種真實的挑戰。蓋爾說，他從這些聚會學到的，大概比在博士班學到的還多。他說：「對我來說，最大的收穫是我自己變得比較可訓練，而不是假裝我什麼都知道。我發覺我如果能時時保持可訓練的狀態，整個世界本身都能成為我的教練。我的幸運部落經過許多年的擴張，現在我擁有來自世界各地的幾百位良師益友，大家都有同樣正面的人生觀。」

誰在煽旺你的火焰？

我看你的朋友，就知道你會有怎樣的未來。

——作家馬克・安布洛斯

審慎選擇來往的對象，並不是現在才有的觀念。早在十三世紀，來自波斯的蘇菲派神祕主義詩人魯米就寫道：「點燃你的生命之火，尋找那些能煽旺你的火焰的人。」

在這一章的尾聲，我們要用演員兼饒舌歌手威爾・史密斯對魯米這句話的評語作結。威爾・史密斯說的話雖然有些滑稽，卻也很有道理，我們覺得這句話道盡了你選擇來往的對象：

威爾（對於魯米的言論）的翻譯：不要跟……那些不會幫助你發光發熱的蠢貨混。選擇來往對象的先決條件，是這個人能帶給你養分，能鼓舞你。

在我的人生中，很少會發生我四下張望，卻找不到一個相信我、支持我的人的情形。我身邊總有人煽旺我的火焰。

看看你最近收到的五則簡訊，這些人是助長還是澆熄你的生命之火？……你所往來的對象，會促成或摧毀你的夢想。不是每個人都夠格跟你來往。你要用生命捍衛你的這把火。

下一章我們要討論如何忠於自己，在所有層面忠於自己，幸運就會一直跟隨你。

7

第七個祕密 學會在適當的時間，出現在適當的地點

真正的成功有兩個最重要的先決條件：第一，在適當的時間，出現在適當的地點。第二，想辦法達成第一項。

——據說是雷．夸克說的

問別人什麼叫幸運，通常聽到的答案會是：「在適當的時間，出現在適當的地點。」我們也認為這確實是幸運的一大來源，但要怎麼做到呢？要正好在正確的時間，出現在最適當的地點，似乎完全不是我們所能掌控。人類的大腦有其侷限，根本不可能有意識地計算所有必要的變數。

第七個自創幸運的祕密，要向你介紹一種方程式，能大幅提升你在適當的時機，出現在適當的地點的能力：堅定跟隨你的核心。與其依靠機運，或尋求外部力

量帶領你前往你的幸運甜蜜點，還不如聽從你自己內心的GPS。

這不但符合直覺，也有科學根據。運氣研究發現，幸運的人會依照內心指示，做出人際關係、職業生涯、財務決策的機率，遠高於不幸的人。不幸的人則是容易想太多、猶豫不決、怕犯錯，也不願意相信自己。聽從核心的聲音，是必須培養的幸運能力。這種能力包括身體移動的速度要與內心契合，傾聽你的直覺，也要忠於你的價值觀、熱情與優先次序。

你的本質步伐

擁擠的腦沒有空間可容納平靜的心。

——克莉絲汀．艾凡潔若，「頭與心的對決」，摘自《跳動的心與顫慄》

帶領你在正確的時機，出現在正確的地點的交通工具，是你的身體，但大多數的人渾然不覺自己體內發生了什麼事。我們忙著注意周遭的事情，更常見的情況是沉浸在自己的思緒之中，而思緒通常都是別的地方的事情，不是擔心未來，就是悔恨過去。

要找到幸運的速度，你的步伐必須能夠讓你的**大腦與身體**，都專注在現在，專注在**當下**，沒有超前，也沒有落後。

我們把這種步伐稱為你的「本質步伐」，亦即你能帶著真誠快樂的微笑，四處移動的速度。無論你移動得快或慢，總會流露出一種發自內心的自在。關鍵在於你不會覺得緊張焦慮。你按照本質步伐的速度移動，絕對會更輕鬆自在。而且就我們的經驗，你也更有可能在正確的時間，出現在理想的地點。

蓋爾的故事就是個很好的例子：

> 幾年前我有一次出差，飛機降落時間比預定的晚，轉機時間就變得很緊迫。兩個登機門距離很遠，我要轉機就得在短時間內走很遠的路。我在機場狂奔，急吼吼繞過擋在前方的人潮，這時我在中央大廳的牆上一處光亮的表面，看見我自己的倒影：頭部與軀幹前傾，臉上表情猙獰。我覺得趕時間是一種心理疾病的徵兆，而我正在受這種疾病的折磨。於是我立刻放慢腳步，深呼吸幾次，找到我的核心。

然後我又加快腳步，但這一次我維持我的本質步伐，刻意維持我的中心。我現在很享受走過機場的這段路程。我繞過中央大廳的一角，朝我的登機門走去。我看見櫃台有位先生，扯開嗓門大吼登機門的人員：「我不接受這種待遇！你們知道我是誰嗎？我在洛杉磯有重要的事情。你們一定要讓我上這班飛機！」

我朝著這位先生的背後走去，聽見登機門人員說：「先生，真的很抱歉，我也想幫忙，可是這個班機已經滿了，艙門也都關上了。我們剛剛呼叫您的大名三次。現在真的沒有辦法了。」

但我前面這位先生完全無法接受。他猛地轉身，差點把我撞倒，氣吼吼離去，一邊還在怒罵：「我要把這家航空公司告到破產。這家公司會變成我的！你們等著瞧吧！」

我走向櫃台，向登機門人員獻上一抹淒涼的微笑，說道：「今天比較不順吼？」

他搖搖頭，吐了一口氣，對我說：「可不是嗎……」

我沉默了幾秒，建立一下交情，然後說道：「那個，我剛才搭的班機誤點了，看樣子我已經趕不上這個班機了。那我現在能怎麼辦？」

登機門人員才開始敲鍵盤幫我找下一班飛機，空橋的門卻突然開了，一位空服員連忙跑到櫃台跟他說話。我聽見他們輕聲交談的內容：「喂，剛才算錯了。現在頭等艙還有一個空位。」

我看見登機門人員立刻轉頭，望著那位怒氣沖沖走向中央大廳的先生。他又看著我，又再一次瞥向那位先生快速退去的身影，然後再次面向我，露出大大的微笑，對我說：「這位先生，你是幸運兒！」

我的本質步伐，再加上一些尋常的禮貌，就足以讓我那天在適當的時機，出現在適當的地點，甚至還讓我拿到升等！

要用能創造幸運的速度移動，就要拋開你心中所有會在當下增添煩亂的因素。就蓋爾的情形而言，他發現他因為怕錯過班機而感到焦慮，就在內心進行調整，回歸他的本質步伐。

你發覺你行動倉促、覺得壓力很大，很焦慮，或是心不在焉，無論是因為擔心還沒發生的事情，還是反覆思考先前發生的事情，就要改變你的路線，停下來，深呼吸幾次。我們在上一章發現，其實只要深呼吸三次，就會覺得更集中。

你（是否）以你的本質步伐移動，是一種身體的感覺。所以從現在開始，你每天都要記得經常確認身體的感覺，直到你習慣以你的本質步伐，也就是幸運的速度移動。

有一種很好的運動能培養這種意識，就是在走路的時候試試看加快速度，又放慢速度，如此試驗，找出你在每一刻的本質步伐。每一分鐘的本質步伐可能都不一樣。也許你在走上坡或下坡路，也許你的內心有股衝動，想要走得更快或更慢。你的本質步伐可快可慢，但你的呼吸總是很輕鬆。等到你熟悉本質步伐在你體內的感覺，就可以輕易維持這種步伐，也很容易察覺何時需要調整，回歸正確的本質步伐。

跟隨你的內心GPS

不要僅僅因為不明白你的預感，或是內心的警報所代表的意義，就置之不理。幸運的人都會聽從這些直覺。

——瑪姬・華瑞爾，《勇敢》

你的內心GPS的另一個值得留意的重要指標，是你的直覺，是發自內心的一種平穩、微小的聲音，指示你該怎麼做，該到哪裡去。想要在正確的時間，出現在正確的地點，就不能不聽內心的聲音。

很多成功人士，包括愛因斯坦、約納斯・沙克、華倫・巴菲特、歐普拉・溫芙蕾、尼古拉・特斯拉，還有邱吉爾，都重視自己的直覺，也依照直覺行事。但直覺並不是少數名人才擁有的天賦。我們認為每個人天生都有強大的直覺，只是大多數人不予理會。

發展直覺是一種「發現」的過程。你不再只依賴邏輯或智力，整個人就會進入一個地帶，看似神奇又神祕，其實很容易預測。我們每個人都像一間工廠，擁有神奇的感應工具，但我們卻忽視接收到的信號。

舉例來說，喀拉哈里沙漠的布西曼人以高超的狩獵能力聞名。在外人看來，他們總能找到獵物的能力實在很神奇，但這種能力其實是天生的，與超自然力量無關。布西曼人的小腿肌肉，能感受到腳下地面最細微的顫動，因此能察覺最遠九英里以外的獵物，例如一群水牛的移動。

另外也要想想，人類肉眼能看見的電磁光譜其實非常少。我們只能看見三百八十至七百四十毫微米，僅占電磁光譜浩瀚長河的二十五萬分之一。在我們能看見的有限範圍之外，還有無線電、紅外線、紫外線、伽瑪射線，以及X光，和很多我們目前還不知道的。

而我們確實接收到的感覺資料，又有百分之九十九．九被我們的意識過濾掉，因為這些資訊與我們的身體當前的生存無關。**想接觸我們的直覺，就不能再依賴我們習慣接收的資訊，而是利用我們固有的細微感覺與內心認知，哪怕我們不見得理解。**

科學家發現，我們的直覺來自右腦、大腦其他較未開化的區塊，以及腸子，所以偶然出現的直覺，往往不符合理性。但多項研究都發現，分析能力較弱的大腦區塊得知正確答案的時間，遠早於較有邏輯的大腦區塊。

卡蘿的丈夫賴瑞是越戰老兵。他是工程師、建築工人，也是商人，左腦能力相當發達，但他的直覺也很敏銳。賴瑞分享他在越南的經歷，證明了跟著直覺走，最終改變了他的運氣：

一九七三年，我在邊和市的陸軍基地，擔任空中騎兵隊的直升機修理工。有一天下午，我修理了一整天的直升機，我決定搭一趟到西貢，趕在那天晚上站崗之前吃頓飯。我吃完飯，付了帳，站起來要走向直升機，打算回到基地。我突然聽見腦袋裡有一個聲音對我說：**坐下來，別走！**

我嚇了一跳，又坐了下來。但我也怕要是沒有準時回到基地，會有麻煩，於是我又起身。卻又聽見腦袋傳來的聲音：**坐下，別走！**

我以前也有過突如其來的直覺，但從來沒有如此明確。這一次的直覺，是不由分說的命令。我知道另一部直升機會在一小時後啟程返回基地，於是我又點了一份汽水，在餐廳打發時間，直到登機時間來臨。我再次起身，腦中的耳朵仔細聽聽看有沒有聲音。一片靜默。我心想：**好，我要走啦！**

我回到基地，現場亂成一團。停在降落區的直升機，剛剛遭受飛彈攻擊。好多人都在喊喊叫叫，跑來跑去，查看損害狀況，確認無人受傷。我走近位於周邊的崗哨，這才發現崗哨已經沒了。我原先應該站崗的地方，現在只剩下一個大坑。

我的同袍在這一帶尋找我被炸裂的屍身，因為他們覺得爆炸如此慘烈，我絕無生還的可能。後來他們看見我，才算鬆了一口氣，沒人問我怎麼沒在崗位上。我必須承認，我的運氣好得出奇，也完全是因為我聽從直覺。直到現在，我從來不質疑我的直覺與內心的聲音，因為到目前為止，每一次都很準。

聽從直覺與預感，需要勇氣與決心。還需要練習。但若你想進一步掌握你的好運，這一招真的超好用。

要提升你的直覺，比方說學會維持你的本質步伐，首先就要經常留意你自己，感受你內心的認同、警告，或指示。這種內部連結最後會變成自動的習慣，你運用你的第六感，會像運用其他五感那樣輕鬆。你就能吸收有用的資訊，幫助你做出最好的決策。最好的決策當然就會帶來好運氣。

忠於自己

認識你自己，而且要刻意認識。

——歌手兼演員桃莉・巴頓

想像你用篩子舀水，或是駕駛破爛船帆的船隻。你能舀到多少水，你的船又能前進多少？應該是不多。同樣的道理，你的「完整水桶」要是有漏洞，你就不可能創造更多好運。

所以你在內心GPS所應參考的最後一項指標，是你是否覺得與你自己是契合的。契合究竟是什麼意思？意思是你的**內在**，完全符合你**外在**的言論與行為。無論你的意圖是什麼，你的行動若是不符合你的個人價值與完整性，你在這個世界就只會受傷。要將你的好運最大化，永遠要朝向你個人的真北方向移動。

怎麼做？卡蘿的一位靈性導師曾說：「做你**知道**對的事。」這個建議很適合日常生活的大小決策。而在這個自創幸運祕密，我們還要再加上幾個字：「做你**知道對你來說**正確的事！」我們認為忠於自己的定義，就是遵守你個人獨特的價值、熱情，以及優先次序，進而維持你的完整性。

我們的朋友蜜雪兒．羅伯斯是人生與人際關係教練。她說實現對你來說最重要的事情，是「邁向完整的一步」。她說，最基本的邁向完整的一步，就是承諾要忠於真實的自己，或者反過來說，再也不願意委屈自己去扮演別人眼中你「該有」的樣子。蜜雪兒自己也踏出邁向完整的一步，不再用批判的眼光檢視自己，不再批評自己太聒噪，太坦率，太**超過**，坦然接受那個來自紐澤西、義大利裔、熱情的她自己。她的運氣果然也就改善，尤其是在人際關係方面。她在情場上也收穫好運，幾乎立刻就吸引到她的另一半迪恩。迪恩願意接受，也懂得欣賞蜜雪兒的本真面目。蜜雪兒說：「我忠於我自己，整個宇宙也會有所回應。好事一一降臨，機會之門也陸續開啟。」

身兼創作歌手與演員的席妮．戴維斯有一則很美好的故事，恰恰證明了踏出邁向完整的一步，再加上直覺，是如何在她的職業生涯中，創造出意外的驚喜：

席妮的故事

你已經是你夢想成為的人
你那美好的真實表露無遺

——安琪拉．普雷多姆，「美好的真實」

就我記憶所及，我始終有兩個最愛，一個是唱歌，另一個是孩子。大學畢業後，我努力兼顧兩個最愛：我在本地的樂團唱歌，在俄亥俄州托雷多的中學當老師。我大學就是在那裡念的。我在課堂上很重視音樂與歌曲。我的學生常對我說：「戴維斯小姐，妳應該當歌星才對！」「妳的聲音好好聽喔。」「妳唱歌比收音機上的那些人都好聽！」「妳應該到好萊塢發展！」

一九八二年，我決定聽從學生的建議。我離開樂團，辭掉教職，搬到洛杉磯，要實現當上職業歌手的夢想。

我到了洛杉磯之後，在Target門市當經理賺取開銷，同時開始學習音樂產業的要領：試唱、建立人脈，並且進一步建立更多人脈！「認識有關係的人」似乎是張神奇的門票。但當時的我並不認識有關係的人。

一九八三年初，有一位在保全公司工作的朋友，替我拿到一張葛萊美獎的後台通行證。我超興奮的。那天晚上，我精心打扮一番，身穿鑲有萊茵石的白色禮服，搭配同色的舞鞋。

在聖殿大會堂，我走向舞台入口，走了進去。裡面有很多人不耐煩地走來走去，沒人理睬我。我手中的通行證，只能讓我進入後台區的某些部分，但我鼓起勇氣闖得更深一點，再深一點，一路走上舞台，完全沒人攔阻。朋友都說我長得像珍娜・傑克森，也許是這樣才不會被擱阻吧。

典禮開始了，我站在舞台一側，一動也不動，看著一個個身著華服的頒獎人翩翩走上舞台，唸出入圍者，再宣布得獎者。我覺得我真是幸運極了。我與業界名聲最響亮的人物，相隔僅僅四十英尺。這些大明星包括蓮納・荷恩、貝西伯爵、昆西・瓊斯。即使在最瘋狂的夢想，我也不敢奢望能與這些巨星共聚一堂。

那天晚上，年年入圍的馬文・蓋終於獲獎，而且不只一項，是兩項葛萊美獎！他領獎之後，在離開舞台的路上，現場觀眾全體起立，掌聲如雷。沒想到他直接走向我站著的地方！一群人立刻將他團團圍住，有記者、攝影記者，還有他的親朋好友，擁抱他，與他握手，拍拍他的背。還有很多人在排隊，等著要祝賀他這次得獎實至名歸。我一直都是馬文的忠實粉絲，所以馬上加入排隊的行列，期待與偶像面對面。

人龍移動得很慢，但我還是耐心等待。我前面只剩下兩個人，這時有個小女孩，大概是九歲吧，走上前來對我說：「嗨！我好喜歡妳的鞋子喔！可不可以借我試穿？」

會。我掙扎了幾秒。我雖然喜歡孩子，但真的不想錯過與馬文．蓋見面的機會。我想遞張名片給馬文，對他說我很想擔任他的和聲歌手。這可是我一生一次，千載難逢的機會啊！

但我望著小女孩滿懷期待的眼神，也實在狠不下心拒絕。我這個人就是沒辦法把小孩趕走。況且我離開教職的這幾個月，始終非常懷念跟學生相處的那段日子。最後我對孩子的愛勝出。

我走出人龍，把一隻腳上的鞋脫掉，對她說：「我叫席妮，妳叫什麼名字啊？」

她彎下腰，脫掉她的一隻鞋子，拿起我的鞋子，對我說：「我叫諾娜。」

我看著她穿上高跟鞋，鞋子完全合腳，喜悅的微笑照亮了她的臉。她突然轉身，兩腳踩著一隻平底鞋，一隻高跟鞋，就這麼一腳高一腳低跑著，穿過人群，直接跑向巨星馬文。她拉拉馬文的外套，對他說：「嘿，爹地！你看看我！」我看見這一幕，眉毛跳得老高。

馬文．蓋低頭看著她，笑道：「妳這隻鞋子是哪裡來的啊？」

小女孩向我示意，拉著她的父親走向我。「是我的新朋友的。她叫席妮。

她可不可以跟我們一起去？」

呆若木雞的我看著馬文．蓋伸手與我握手。「嗨，席妮，我是馬文。妳想不想跟我們一起參加會後宴？」

想不想？當然想！我說好，就這樣進入了馬文．蓋的親友圈。

在那個重要的夜晚，我參加會後宴，與馬文還有他的親朋好友共處。馬文的孩子們跟我真是一見如故。接下來的兩個禮拜，孩子們與我保持聯絡，邀請我到他們下榻的國賓飯店。我變成志工保母，看顧孩子們的同時，也看著馬文一面創作音樂，一面在他的房間接待一個個來訪的音樂人。

這些音樂人我全都不認識，我後來才知道，他們都是音樂產業的頂尖人物。有一次，有一位音樂人坐在房間裡的鋼琴前，我正好也在，便與他合唱。但當時房間裡只有另一個人在場，就是馬文的祕書凱蒂。

我並沒有告訴諾娜的爸媽我是歌手。我覺得很多人都請他們幫忙。我則是想幫他們的忙，就是照顧孩子。我不希望他們認為我在利用與孩子們的情誼，要從他們身上撈好處。但凱蒂還有馬文的其他幾位員工，都知道我想打入音樂界。我還把我的試唱帶交給馬文的貼身男僕喬治，請他轉交給馬文。但馬文並沒有回應，不曉得是還沒聽，還是聽了卻覺得我不夠好。我太害羞不敢問，所以就只好算了。

葛萊美獎頒獎典禮過了幾星期之後，有一天晚上，我在Target下班後，在開車回家的路上，我發覺我轉了幾個彎，偏離了平常回家的路線。一個聲音，應該說是一種感覺，在指引著我。我也不曉得是怎麼回事，但我相信這種聲音與感覺，願意聽從。我轉進威爾夏大道，這才發現再過一條街就是國賓飯店。這是怎麼回事呢？心中的聲音很清楚：**去馬文的辦公室**。

我停了車，心想：**我這是幹嘛？我平常不會突然拜訪別人的！到了那裡該怎麼說？**我決定要問候孩子們，畢竟也幾天沒看見他們了。孩子們要是不在，我就直接離開。

我進了門，與馬文的祕書打招呼：「嘿，凱蒂，孩子們在嗎？」

她說：「不在，不在這裡。」

我聳聳肩，微笑說著：「喔，那我改天再來……」我轉身要離去。

凱蒂歪著頭說：「我還以為妳是來試唱的。」

我說話都結巴了：「試……唱!?」

「對啊，妳不是看見那麼多音樂人來來去去嗎？他們是來試唱的，馬文下一次的巡迴演唱要開始了。我們要找新的候補和聲歌手，今天晚上是試唱的最後一天！」

在那一刻，馬文從其中一間房間走出來，凱蒂請他過來。馬文給我一個超大的微笑。「嘿，席妮！妳好嗎？」

我還沒回答，凱蒂就說：「席妮是來試唱的。」

馬文的眼睛睜得好大：「美女，原來妳會唱歌啊？」虧我還拜託喬治把試唱帶交給馬文……

「會，我會。」

「等一下。」馬文拿起凱蒂桌上的電話，撥了號碼，等對方接電話。他凝視著我，但對著電話說話：「哈維，我是馬文。我要請一位小姐過去找你。她叫席妮。麻煩你安排她試唱。如果她真的唱得好……」他說到這裡對我眨眼，「……如果她跟其他歌手搭配得不錯。如果她的音高可以，那你就要錄取她！她人很好的。」

我前往試唱，拿出最好的歌聲，也順利錄取。在全國各城市與馬文合唱，對我來說是美夢成真，也是我三十幾年的音樂、戲劇、歌曲創作等等的生涯開端。馬文去世之後，我與他合作的經歷，為我打開了更多扇業界的大門。我後來又陸續擔任雷．查爾斯、貝瑞．懷特、喬．科克爾、唐娜．桑默、史提夫．汪達、瑪麗蓮．麥克、小比利．戴維斯等眾位巨星的和聲歌手。我幫黛安娜．羅絲寫過一首歌，也當過她的和聲歌手。如今我仍然是音樂人，也在洛杉磯這裡教課，在劇場演戲。

我常常覺得驚奇，一路上有多少奇妙的轉折與完美的時機，造就了今天的我。我忠於我的兩項最愛：孩子與唱歌，也相信自己，這就是成功的方程式。

我們希望你看完這一章，會越來越願意聽從內心的聲音。你擁抱身體的自然步伐，聽從你的直覺，忠於你內心深處的渴望，就會經歷一種能讓你脫胎換骨的神奇力量，比零星力量的總和更具威力。當你不再**刻意**尋求在正確的時間、出現在正確的地點，而是信任你的內心GPS，就一定會找到幸運。

我們在下一章要討論最後一個自創幸運祕密，只要全心全意持續做到，就能創造無比幸運與喜悅的人生。

8

第八個祕密
時時激進感恩與欣賞

感恩是因為驚奇而加倍快樂。

——吉爾伯特・基思・卻斯特頓，《英格蘭簡史》

噓！這個祕密還有一個小祕密：如果你只能練習一個自創幸運的祕密，就選這個好了。對很多人來說，學會這個祕密很不容易，但你若能做到**無論怎樣**都心懷感恩，你就已經學會了自創幸運！

請務必理解，我們不是要你以感恩的名義死守正能量，粉飾過往的經驗，或是硬把自己的感受吞下去。這些舉動統稱「精神繞道」。在這一章，你會學到情緒與身體如何保持專注，而且在任何情況，都能找到能讓你真心欣賞與感恩的東西。

我們也會解釋感恩與欣賞之間的關係，感恩與欣賞是如何擴大你的幸運「容量」，還有認為自己什麼都應得，為何反而會什麼都得不到。

最後，我們要告訴你如何以純真的角度，檢視你人生中所發生的一切，進而提升你的運氣。

當你可以自我克制，不去評論一件事情是幸運還是不幸，先以較為開放的態度觀望，往往就能避開很多不必要的苦惱。

感恩入門課

感恩會呈現生命的豐富，會將我們所擁有的變成足夠，甚至更多。感恩能將否定化為接納，將混亂化為秩序，將困惑化為理解。感恩能將餐點化為盛宴，將房子變成家園，將陌生人變成朋友。

——作家梅洛蒂．比雅提

覺得幸運與覺得感恩是密切相關的兩件事。想了解兩者的關係，可以回憶一下你覺得幸運的時候。如果你跟大多數人一樣，你就會覺得喜悅、敬畏、振奮，覺得自己得到照顧、保護、祝福，整體而言也會強烈感恩自己能擁有如此好運。幸運的感覺很像俄羅斯娃娃，裡面有很多不同的元素，但層層打開之後，你就會發現核心是感恩。

我們覺得感恩，覺得幸運，也有可能是擺脫擔憂與恐懼之後，一種強烈的輕鬆感。例如檢驗結果是陰性，找到了先前遺失的寶物，聽聲音像是擦撞，結果車子完全沒有受損。

我們覺得感恩，覺得幸運，也有可能是因為成功而高興：在職場得以升遷，抽獎抽中我們的號碼，以非常便宜的價格買到東西。遇到這些事情，我們最核心的感覺都是感恩。

覺得感恩、覺得幸運，是覺得受害的翻轉版。你看見你**擁有**你**想要**的（健康、財務穩定、愛你的親朋好友），或是你**沒有**你**不想要**的（壞天氣、車禍、膝蓋骨脫臼），就會覺得感恩。但如果調換過來，你看見你**想要**卻**沒有**的（沒有另一半、沒有成功的事業，沒時間在你家花園閒晃，或沒時間度假），或是你**擁有**你**不想要**的（日漸老化的身體，太多帳單，要求很高的老闆），你就會不開心，會埋怨，感覺人生像裝滿糖果與玩具的紙糊皮納塔。

受害者心態最直接的解藥，是換個角度看事情，一旦開始埋怨自己運氣不好，感到焦慮，就要記得感恩。

卡蘿在寫這本書的期間，跟一位朋友談起感恩與受害者心態的正相反關係。她的這位朋友要求匿名，所以我們就稱她為艾咪好了。艾咪分享了一則很精采的故事，是她在這方面的經驗：

艾咪的故事

溫暖、誠摯、強烈的感恩，一旦占據你的胸懷，你的靈魂就會豐富滿溢，沒有多餘的空間容納其他的情緒與念頭。

——約翰・昆西・亞當斯

那是一九八五年的六月。我坐在我們在華盛頓特區租來的小公寓的客廳，在黑暗中哭泣。我簡直認不出我的人生。這一天，這一個月，這一年都糟透了。

我在阿爾及爾長大，父母是富有的歐洲人，我是家中嬌養的女兒。我們生活在高牆圍繞的大宅院裡，有傭人幫忙打掃、燒飯，我負責閱讀、念書，購物。從來沒人會拒絕我的要求。

我十八歲那年，全家搬到以色列，大概一年之後，我瘋狂愛上大衛。他稍微比我年長一點點，帥到令人屏息，很有做木工的天分。不久之後，我們想結婚。大衛也依照習俗，徵求我父親的祝福。

兩位先生坐在我爸的書房。大衛說明來意，我爸問道：「你確定你想娶她嗎？」

我爸看見大衛臉上的驚訝，舉起一隻手表示安撫，接著又說：「不要誤會我的意思。我的艾咪是世界上最完美的女孩，也是我的掌上明珠，但她並不是做妻子的料。她會把你的錢都花光，而且她連煎蛋都不會。」

大衛聽完只是微笑，對我爸說這些都沒關係。他會做菜，也會盡心盡力照顧我。「她在娘家享有的優渥生活，我給不了她，但我愛她，她也愛我。」

我爸看見大衛的真誠與決心，也看出他顯然深愛著我，終於同意了。

大衛告訴我，我爸同意我們的婚事，我好高興，但大衛的表情變得很嚴肅。他請我坐下，要我承諾無論發生什麼事，都不會向娘家父母要錢。「好，好，」我說，「當然好。」我怎麼也料想不到，這對我們的未來會有如此巨大的影響。

我們婚後很快就生了女兒賈桂琳。我們組織的小家庭很幸福。我還學會燒菜呢！賈桂琳三歲那年，大衛最好的朋友邀請他到美國，合夥經營訂製家具事業。大衛負責做家具，這位朋友負責管錢與行銷。這是很好的機會，我們欣然接受。我們搬到華盛頓特區，在市區外圍找到一間很漂亮的房子。合夥事業的生意很好，我們也喜歡新環境。兩年後，我又懷孕了。人生真美好！

接著災難降臨。我們的朋友兼合夥人離開美國，把公司的錢全部捲走。他的背叛傷透我們的心。更糟的是我們什麼都沒了，還要付房子的貸款，家具作坊的租金，以及購買材料所欠下的大筆債務。

我勸大衛跟我爸媽求助，但他在這一點相當堅決。他說，我們會有辦法的。討論就此結束。

我從未經歷過財務危機。在成長過程中，金錢始終很充裕。結婚後，大衛與我也很小心打理財務。我們夫妻都相信認真工作才是王道，也從未做任何不必要的借貸。但我們很快就發現，眼下除了宣告破產無路可走。我們都覺得很丟臉，但大衛還是堅持不對別人說，該怎麼做就怎麼做就好。住的房子被銀行收去，店也沒了。我們用個人帳戶所剩的錢，租了一間乾淨卻空間很小的公寓。大衛找到臨時工作，可以讓我們先度過難關，他打算以後再租一間店面，東山再起。

麻煩卻接踵而至。我們搬家後不久，有一天我與賈桂琳開車回家，走在環城高速公路上，車子卻發出很恐怖的聲音。我在路邊停車，引擎先是一陣劈哩啪啦，最後停擺。我把車鑰匙轉了又轉，車子卻始終靜悄悄的。我的前額靠在方向盤上，閉上眼睛，努力忍住淚水。

那個時候手機還沒普及，所以我有兩個選擇：帶著孩子，沿著交通繁忙的公路邊緣走上幾英里的路，或是等路過的警察解救我們。我在原地等待。半小時後，有位警察在我的車子後面停車，走到我的駕駛座車窗旁。他看見我快要克制不住的眼淚，還有我的孕肚，旁邊還坐著瞪大了眼睛的賈桂琳。這位好心的警察說，他會送我們回家，拖車與修車的事情，再交給我先生處理。

我滿心悲哀回到家，躺在沙發上，留意著在旁邊的餐廳玩耍的女兒。腦袋轉個不停。**我們哪有錢修車？哪有錢再租一家店？現在怎麼可能湊得出第一個月跟最後一個月的租金，還有押金？**最痛心的問題是，**我們怎麼可能養得起第**

二個寶寶？

我想擺脫這些念頭，按下電視遙控器的電源鍵。沒動靜。我又按了一次，電視螢幕還是空無一物。我勉強起身，吃力走到電視機前，按下電視機的「開關」按鈕。還是沒有動靜。

唉，拜託，天哪，不會吧。不要又多出一件要修理的。我跌回沙發，凝視著一動也不動的電視。我覺得自己好可憐，任由自己哭泣，默默哭泣，免得嚇到賈桂琳。一切都毀了。也許我已經用盡此生的幸運與幸福額度，現在只能受苦。我感到絕望。還有什麼壞事能發生？

眼淚繼續滾落我的臉，屋子越來越暗，跟我陰鬱的心情倒是絕配。最後我拜託賈桂琳把燈打開。

亮光從餐廳蔓延過來，我發覺我內心起了明顯的變化，感覺內心的一盞燈亮了。

我問自己：**我在幹嘛？**

我望著女兒甜美熱切的臉龐。她對著懷中的洋娃娃輕聲說話，溫柔照亮了她的臉。我看見牆上的畫與加了框的照片。餐廳的餐具櫃上，有我們從非洲與以色列帶來的寶物。我們這個小家庭還在一起，身體健康，也有棲身之處。

突然間彷彿大水衝破了水壩，一切的好事湧上我的心頭：

我還能在車子失靈之前停在路邊。

我們還能避開日曬，在車子裡面等待。

好心的警察開車送我們回家。

我們雖然沒有錢，但我們還年輕，可以工作。

我親愛的先生很快就會回家。他會將我擁入懷中，我們會一起想出下一步該怎麼走。

一陣感恩的心情振奮了我整個人，我笑了，原來我這麼幸運！

那次的經驗改變了我思考的方向，恢復我的勇氣。我得以帶著新的信心往前走。

我們必須租一間新店面，問題是發生了這些事，我們的信用已經毀了。大衛對於眼前的路很悲觀。但我每天看報紙，很快就找到一間適合我們的店面。

我去見屋主，說我們沒有錢能付清第一個月與最後一個月的租金還有押金，但我也說「我們是努力工作的老實人。我們現在只能付第一個月的房租，但我們會一直租下去。」

屋主說：「我也不曉得為什麼，反正我就是相信妳。我會給你們一個機會。」

我去買做生意要用的設備，跟供應商打交道，也是用同樣的方法。每一次我都很誠實，但也保持樂觀，也順利達到目的。大衛開的店，一直到他幾年前退休，始終都是我們這一帶生意最好的訂製家具店。我們向好心的房東，租了三十年的店面。

從我躺在沙發上那天，一直到現在，無論遇到什麼事，我能找出光明面。我每天早上醒來，每天晚上躺下睡覺，都決定要這樣做。我每一刻都如此決定。我覺得這是我後來能打贏人生勝仗的關鍵，也是我感覺到圍繞在身旁的正能量來源。

絕對不要低估聚焦的力量，尤其是在危難之時。這並不容易，因為每個人都有與生俱來的負向偏誤，所以很難聚焦在生命中那些值得感恩，發展順利的事情。負向偏誤會導致負面思想與事件留給我們的印象，比正面思想與事件深刻。但負面偏誤也很重要，在遠古時期，負面偏誤能讓我們避開生命危險，得以生存下去。但在現在的世界不僅過時，還會適得其反。負面偏誤會讓我們一直專注在不好的事情，忽略了好的事情。

卡蘿將這種現象，稱為「大帆布上的小污點」。大大的一塊空白帆布上，如果出現小小的污點，大多數的人都會聚焦在這個污點，而不是污點四周大片乾淨無瑕的帆布。你得到十次讚美與一次羞辱，會更注意哪一個？同樣的道理，我們花在那些出錯或是需要我們注意的小事情上面的時間與精神，是不成比例的高，也讓我們誤以為自己的生活品質很差。

想要更幸運、更幸福，我們必須學會擺脫生存本能的「掌控」。關鍵在於一旦負面思想**出現**，就要知道我們很容易陷入負面思想，而且要趕快改正路線，但不必刻意壓抑情緒（這一章後面會進一步說明）。若你能學會把你注意的焦點，刻意轉換成真心覺得感恩與幸運，你的運氣就真的會改變，因為**覺得**幸運，**比實際**幸運更重要。

覺得幸運 vs. 實際幸運

所謂幸運，就是認為你很幸運。

——田納西．威廉斯，《慾望街車》

覺得幸運與實際幸運的差異在哪裡？不是，這不是陷阱題，兩者是有差異的。答案是覺**得幸運**是比較好的幸運指標，準確度勝過你（或其他人）認為發生在你人生中的事情**是否幸運**。我們都認識一些我們覺得很幸運的人，那些出生在好人家，財務穩定、聰明睿智、才華洋溢、身體健康的人，但你若是問他們是否**覺得**自己幸運，很多人會說不是。他們對人生當中的一個或更多的層面不滿意，看不見他們所擁有的。所以幸運是主觀的感覺。蓋爾有一則與此有關的好故事：

一九八〇年，我第一次造訪印度。當時的我是嬉皮背包客，但還是覺得印度的景象有點震撼，貧窮，擁擠，睡在街上的人，圍在我四周的乞丐，幾十雙從四面八方向我伸過來的手，鼓譟著要錢。需要一點時間才能適應。

有一天我坐在河岸上，看著對岸大約有五十個小朋友，扛著石頭爬上他們身後的山坡。這些孩子沒有一個超過十二歲。在大太陽底下扛著石頭，實在辛苦。我問一位會說英語的路人，這是怎麼一回事，他說，山頂上正在興建一座寺廟，這些孩子是受人雇用，蒐集地基要用的石頭。他說，孩子們的工資是一天一盧比（大約一角美元）。

我坐在當地，覺得氣憤又痛心，孩子們竟然這樣被剝削，直到我發現大約有三十位的另一群小朋友，坐在稍遠的河邊，下巴放在拳頭上，悶悶不樂看著其他孩子工作。原來這些小朋友這天沒**拿到**工作，只能眼巴巴看著別人扛石頭，羨慕人家的好運。

你應該想像得到，這次的經驗完全翻轉了我對幸運的看法。那些一天賺一盧比的孩子覺得有工作可做很幸運，也很感恩，我卻完全不覺得他們幸運。我現在會以新的角度，看待我自己的運氣。我雖然很缺現金，但其實很富有！我口袋裡的錢，夠這些孩子在接下來的三十天每天工作。

所以誰是幸運的？我們認為**覺得**自己幸運的人，就是幸運的。幸好，你能否覺得自己幸運，完全在你自己的掌握之中。接下來我們要介紹兩種方法，能有意識地培養幸運感：欣賞以及激進感恩。

欣賞與感恩是不一樣的

欣賞是一種很美好的東西，能讓別人的長處也屬於我們自己。

——據說是伏爾泰說的

很多人把「欣賞」（appreciation）與「感恩」（gratitude）兩個詞交替使用，但兩者雖然密切相關，卻並不相同。精確的定義，我們就留給辭典編纂家還有哲學家去討論。我們是依據下列的定義予以分別：

感恩是你的感覺。

欣賞是你的行為。

再往深一層說：

感恩是為你人生中所出現的人、地、事而感到慶幸，包括你的健康、你的人際關係、你的財產、你的成就，所有發生在你身上的好事。

欣賞則是與行動有關，也稍微複雜一點。「欣賞」一詞包含兩種行動，一個是內部，另一個是外部。

內部欣賞

我們站在林布蘭的畫作面前，或是看著月光照映著水面，都能「欣賞」箇中之美。發覺另一半或是朋友費盡心思幫忙，或是對我們好，我們會「欣賞」他們的愛。我們享受美酒美食，也能「欣賞」其中的美味。這些是內部的注意力與意識增強。欣賞表示深度關注一個東西，感受其特質。

外部欣賞

欣賞也包括將內部的欣賞，在外部表現出來。我們感謝別人做了什麼事，展現什麼樣的品格，就是「欣賞」此人。欣賞可以透過口頭或書面表達，贈送禮物亦可，也可以用善行或幫助回報。

如果你在感恩方面有困難，我們建議先從內部的欣賞開始，欣賞人、地、物，因為欣賞是覺得感恩的途徑。而且欣賞是你隨時都能做的事情。

想提升欣賞的能力，就要仔細留意你的經驗的實體層面：

現在看看你的四周，找一個能欣賞的事情，例如天空的顏色，在欣賞的同時，也留意你身體的感覺。你應該會有一種擴大的感覺。欣賞引起的第一個反應，是開放你的身體：你的呼吸更完整，能感知更多，會覺得顏色比較鮮豔。你所有的感覺都更為敏銳，因為你會注意這些感覺。

你注意你的呼吸，以及你的身體的感覺，就能強化你的欣賞感覺器官，提升你的欣賞能力，你的感恩能力自然而然就會提升。你反覆鍛鍊欣賞能力，久而久之你的感恩能力，連同你的運氣也會提升。

但就像我們在蹩腳的資訊型廣告常聽見的：等一下，後面還有！欣賞還有另外一個會製造好運的效應：表達你的欣賞，會提升你整個人的吸引力。

表達欣賞的美好

欣賞能創造美好的一天，甚至改變一個人的人生。你只要願意將欣賞付諸語言即可。

——據說是美國編輯、記者、作家瑪格麗特·考辛斯說的

你媽媽說得好像是對的：說謝謝你，寄感謝卡確實很重要。表達欣賞能強化人際關係，促進合作，還能凸顯你自己。人會記得欣賞自己的人，也更願意幫助、支持欣賞自己的人。這些好處也會直接帶來更多好運。

這裡要提出一個重要警告：這不是一種交易。你的欣賞必須真誠且得體。拜託不要虛情假意。別人聽得出假話，阿諛奉承只會適得其反。

發自內心純粹欣賞一個人，感謝對方的幫助與美好特質，你自己還有你欣賞的對象都會很高興。你懂得表達對周遭一切的欣賞，心胸會變得開闊，整個人會更有光彩。大家都喜歡和藹寬厚的人。

你可以測試一下這個想法：想想你認識的那些不吝感謝別人，經常讚美別人的

人。再想想你認識的那些吝於肯定別人，只在乎自己，不會因為外面的世界而感到驚奇、敬畏、敬佩的人。你選擇朋友、配偶、員工或老闆，會選擇哪一種人？你覺得哪一種人在人生中會比較幸運？答案明顯得很。培養感恩的能力，表達你的欣賞之情，是自創幸運的不二法門。

所以史丹福大學的緹娜．西利格教授，也就是你在第一部分認識的幸運專家，每天工作結束後才會坐下來，列出一份欣賞對象的清單。她看著行程表，回想每一位與她見過面的人，一一傳送感謝訊息。她說：「這些事情只要幾分鐘就能做完，但一天下來，我總覺得充滿了感恩與欣賞的能力，而且我的運氣也確實變好。」我們也建議你運用西利格博士的簡單欣賞方法，提升你自己的運氣。

應得的心態：你在自創幸運路上的絆腳石

應得的心態是迷人的反面。

——作家、講者、企業家蓋伊．川崎

感恩還有另一個神奇的效益：我們真心覺得感恩，就會減少應得的心態。若你僅僅因為你的身分、你的出生地，你所做出的犧牲，或者基於任何原因，就認為幸運應該自動降臨在你頭上，這種心態是感恩的反面，也是自創幸運的剋星。

看看自然界運作的方式。你種植農作物，會到花園為種子澆水，不會端出應得的心態，說：「你給我一些筍瓜，我就澆水給你。」感恩就像給農作物澆水，要先澆水，才能收穫幸運。

我們的同事艾利森．阿姆斯壯是人際關係教育家。她說，更糟的是你一旦得到你認為你應得的東西，感覺就像拿到薪水，不會覺得感恩。如此便會打斷自創幸運的正面回饋迴路，也就是感恩會得到更多好運，得到更多好運就會更感恩，如此不斷循環下去。沒有感恩的心，就只能擁有幸運爆胎。

現在我們已經知道，要自創幸運，就要盡量心懷感恩。但真有可能一直心懷感恩嗎？對大多數的人來說，答案是不可能，除非我們願意實踐第八個祕密其他的內容，也就是感受我們的感覺，展開一種自我探索的美好過程，叫做激進感恩。

感覺還是不感覺……

精神繞道會遮蔽真相，妨礙我們感受自己的感覺，害我們看不見大局。精神繞道是迴避，不是理解。

——心理學家英格麗·克雷頓

「無論如何」都要覺得幸運、感恩，是值得追求的目標，但也要運用正確的方法。那些耳熟能詳，勸我們心懷感恩的話語，例如「看事情要看好的一面」、「細數你的福氣」，還有其他叫你**應該**感恩的話語，都會產生反效果，甚至是有害的。為了避開自己的憤怒與悲傷，而刻意覺得感恩，是一種精神繞道，就是用精神的原則，避開負面情緒。這就像在張開的傷口表面，貼上一張笑臉圖便利貼。或許能掩飾問題，卻無法療癒傷口。

如果你正在為失去摯愛而傷心，這時有人對你說：「他（她）是到更好的地方去了。」這話也許能暫時減輕你的痛苦，但就像綠薄荷口香糖的好滋味，減輕痛苦的效果很快就消失了。這是因為你的大腦認為痛苦（或是恐懼、憤怒）是不必要的，但情緒還存在於體內。你的胸口能感受到悲傷與失去，胃部能感受到恐懼，下巴與緊握的拳頭能感受到憤怒。

精神繞道太多次，你就會脫離你的身體現實，到頭來就會像詹姆斯・喬伊斯的作品《都柏林人》的人物達非先生一樣，「活得有點脫離自己的身體」。脫離肉體能減輕痛苦，但終究無法成就豐富的，幸運的人生。

所以我們一定要感受所有的感覺，而且要徹底感受，要一路感受到這些感覺背後，清晰且純粹的靈性空間。要允許自己感受不舒服的感覺，而不是避開這些感覺，你才更能看見你的內在現實，還有這個世界的現實。這是靈性的真正目的。

感受你的感覺，並不代表要沉溺其中，也不代表要誇大你的感覺。沉溺與誇大位於連續體的一端，另一端則是阻礙、摒棄，以及運用靈性概念，說服你自己擺脫你的感覺。連續體的中間，是無論你的感覺如何痛苦，你都要有所感受。我們建議你一定要做到這一點，才能開始以激進感恩，進行溫和的自我反映。

激進感恩

你的咖啡沒有了，你能覺得感恩嗎？網路故障了呢？你的隊伍輸了呢？如果你有大腦，還有一點好奇心，那你就能。

——大衛．肯恩，摘自他的部落格 Raptitude.com

所謂激進感恩，意思是說遇到挑戰與困難，也要像面對自己的天賦一樣心懷感恩。這是一種苛求，尤其是如果你決心要經歷，而不是繞過挑戰與困難，但並非不可能做到。而且如果你想要更幸運，就務必養成這種習慣。

要做到激進感恩並不困難：下一次遇到不好的事情，無論有什麼樣的感覺，都要允許自己去感受，再以無比溫和的態度，問你自己：**我遇到這種事情，也能感恩嗎？**要記住，你不需要壓抑自己的痛苦與不安，也不需要轉移你的注意力。沒有所謂「應該」要感恩，有義務要感恩這回事，只有好奇想看看會出現哪些答案。

只要你願意思考，哪些事情可能值得你感恩，你會發現很多事情都會改變，你的觀點也會改變。

大衛・肯恩是作家，部落客，同時也是冥想訓練師，我們在這一節的開頭引用他的話。他分享他在激進感恩方面的經驗：

我住在城市，每天都要用街上的停車格。我在家附近通常找不到停車位，只能開車經過我家，再轉個彎，到街區的遠處。然後我通常得扛著我買的雜貨，走上幾百碼的路，才能到家。可想而知我就咒罵我的厄運，往往還會咒罵把車停在我想停的地方的那些人。

我決定要試試激進感恩，不久之後又遇到這種情況。我正要重演平常一系列的過度反應：失望，也許會狂怒，再氣呼呼跋涉回家。這時突然想到要練習激進感恩。我找不到離家近的停車格，還能不能感恩？找不到停車格這件事情，能不能是一件好事？

我一有這個念頭，立刻就換了一種完全不同的立場，也就是我不應該為了要走比較遠的路回到我住的大樓，就有任何負面的感受。大多數時候我只是享受走這段路的過程，看看幾位鄰居的庭院裝飾，同時也很慶幸，拿著兩袋雜貨走上兩條街，並不會覺得特別吃力。我很幸運，無論走多遠，都不會疲倦，也不會慢性疼痛。我也發現我住的這一帶離鬧區好近，卻是寧靜又安全。我可以在凌晨四點走在這裡，不必擔心會有危險。

這些是我每天都享受到的好處，但我其實很少會覺得享受，因為我幾乎渾然不覺。我走到家門，心情很興奮，不僅是對我自己的人生觀，也對那一刻的處境。

對我來說，激進感恩其實就是挑戰我的最初感覺，轉而探索是否有值得慶幸的地方。我最初的感覺，是一件新發生的事情完全是不好的，我鬱悶、憤怒都是有道理的。激進感恩挑戰了這種感覺，讓我看見事情好的一面。

激進感恩主要做了兩件事：（一）強迫我脫離我習慣的過度敏感自動駕駛模式。我之所以落入這種模式，主要是因為我有一個很糟糕的錯誤觀念，以為每一個事件都是獨立的，還只分為兩種：好事或壞事。而且好事或壞事的定義，是事情發生的時候，我的感覺有多開心。

還有（二）帶我進入有益的解決問題的狀態，最後的結果總是我對於剛才發生的事情的某些方面感恩，例如開創的機會、我所學到的東西，未來可能避免掉的麻煩。

只要足夠的練習，我們遇到不喜歡的事情，也能盡量避免緊張、苦惱這些直覺反應。我們就有餘裕試試其他的反應，最後甚至能創造出不同的現實。隨心所欲覺得感恩、幸運的能力，就是自創幸運的精髓！

但有時候無論我們怎麼做，無論是轉換焦點、欣賞某個人事物、感受我們的感覺，或是要自己想想哪些方面值得感恩，都沒有用。我們還是覺得不快樂、不幸，就是這樣。

遇到這種情形，我們建議你深呼吸幾次，而且眼光要放長遠一些。隨著時光流逝，你會發現表面上看起來是厄運的事情，往往直接通向好運。回顧一下你自己的人生，可曾遇到過不幸的事情反而帶你走向美好的新方向？失去一份工作，是不是才能找到更好的工作？與愛人分手雖然痛徹心扉，難道不是遇見理想對象的前奏曲？確診糖尿病、高血壓、高血脂，會不會嚇到趕快改換更健康的生活習慣？檸檬往往有辦法變成檸檬汽水。

於是我們回到原點。你應該還記得，第一個自創幸運祕密，是要你承諾要好運。承諾就是要一再嘗試，永不放棄。研究顯示，幸運之人與不幸之人的差異，在於幸運之人的恢復力極佳，這或多或少也是因為他們即使身處逆境，也能心懷感恩。

不順利的時候，不幸的人覺得自己是受害者，我們知道受害者情結就是感恩的相反。他們通常會沮喪到不再嘗試，不再嘗試往後就不會再失敗，但也毀滅了未來得到好運的機會。

幸運的人不會因一時的挫折，就放棄自己追求幸運的承諾。他們在每一個情況，無論是贏是輸，都會尋找其中的幸運之處，也為此心懷感恩，繼續往前走。要學習幸運之人的榜樣。擁有積極正面的精神，行動力會一直跟隨著你，你的心胸也能保持開闊，更能把握你身邊浮現的機會，以及他人的貢獻與協助。你的好運氣就更有可能放大到一千倍！

介紹完第八個也是最後一個祕密，我們一起建立的自創幸運橋樑也就正式完工。這座橋樑的起點是一處海岸，岸上的你認為幸運是隨機的，是反覆無常的，是神祕的。終點是對岸，岸上的你相信幸運有很大一部分在你的掌控之中。

跟我們一起走過這座橋。運用我們分享的祕訣，創造更美好的新人生，在愛、財富、健康、意義，以及貢獻的方面，都閃耀著幸運光芒的璀璨人生。我們知道這是做得到的，因為我們還有其他很多人都做到了！現在你唯一該做的事，就是親自踏出步伐。

熟即是巧

我們天生就要堅持下去……才能了解真正的自己。

——作家托拜厄斯・沃爾夫

你現在擁有一套操作工具組：八個自創幸運的祕密，其中四個要從核心改造你，變更你的幸運溫度調節器的基本設定，另外四個則是日常練習，逐日擴大你的好運。這八個祕訣實踐起來簡單到不行。重點是要**記得**實踐，尤其是在自創幸運的旅程上，開始有些顛簸的時候。只要你記得趕快運用這些工具（不要拖到宇宙拚命拿你死都不肯學的東西敲你的頭），你的旅程就會平順許多。

想學會這些工具，我們建議你把這些祕訣寫下來，睡覺的時候放在枕頭下面，用膠帶貼在浴室鏡子上，放在神龕供起來，放進你的露營背包，總之要想盡辦法將它們化為日常生活的現實。真的就是**那麼**重要。

下個部分要介紹能幫助你自創幸運的資源，包括帶領你進一步了解八個祕密的線上課程，組織自創幸運支持團體、找尋監督伙伴的論壇，甚至還有在遇到問題時，可以運用的緊急幸運修復方法。

好好運用這些資源，也要開發更多資源，廣為分享，深化你與自創幸運地球村其他成員的友誼。等到你發現自己穩穩走在自創幸運的道路上，不妨成為自創幸運導師，幫助其他跟你有同樣理想的人，一次培植一位幸運兒，讓整個世界更幸運。

現在就開始，做個幸運的人。實踐你所學到的，幸運會一路跟隨你，永不分離。

我們是說真的。

第四部
繼續前進

自創幸運的資源

這一部要告訴你，如何加快自創幸運的速度，讓幸運在你的人生中穩定成長。

一、以進階訓練，強化你的改運過程

參考我們的網站 www.consciousluck.com，裡面有自創幸運線上課程，還有講座、專題演講、訓練，以及一對一課程。

二、成為自創幸運地球村的一份子

歡迎你加入自創幸運臉書粉絲團。這裡有自創幸運活動訊息與討論，你可以找到各地的支持團體，甚至還能找到一位自創幸運監督伙伴。想加入，請前往 bit.ly/consciousluck。

三、緊急幸運修復方法

你再怎麼幸運，偶爾也會有消沉的時候（要記住，幸運終究還是有少數的隨機成分，是我們無法控制的！）。所以現在要告訴你簡單有效的方法，能讓你在運氣轉壞的時候止住頹勢：

你一旦發現運勢不順，趕快放下手邊的事情，立刻找到一個幸運的念頭，一個能開創可能性的念頭。

我們舉一個賭博的例子說明這個道理，想像你在牌桌上打撲克，一連輸了好幾把。此時你最不應該做的事情，是進入恐慌或恐懼模式，急著想把輸掉的錢贏回來。翻本從一開始就是個爛招。因為人一恐慌，腦袋就會笨，大腦的執行功能會關閉，你就做不了明智的決策。那你該怎麼做？

這可能跟你的直覺相反，但你最該做的事，是放下你正在做的事情，選擇一個幸運的念頭，全神貫注在上面。所謂幸運的念頭，是至少能讓你欣賞你的人生中的一樣東西，且心懷感恩的念頭。

以下是幸運念頭的幾個例子：

哇哦，我真的是世界上最幸運的人，才能找到現在的另一半！

我能有這麼好的朋友，真是三生有幸。

我覺得身體健康真是幸運！

如果你覺得很難做到，那就試試這個：**一億個精子踏上讓卵子受精的旅程，我是唯一成功抵達目的地的那一個幸運兒！我的未來絕對不是夢！**聽起來有點蠢，但對大多數人而言，這個念頭足以打斷目前一連串出現的不幸念頭，將負能量引向較為正面的方向。

你找到了幸運念頭，接下來就要將你的恐慌模式或「戰還是退」呼吸，轉換成輕鬆流暢的呼吸。繼續想著這個幸運念頭，深呼吸三次，每一次都要輕輕地，慢慢地。次數不限三次，要做到你體內開始感覺到流動才行。

等到你的呼吸變慢，脫離恐慌狀態，你就能帶著全新的感恩，全新的自己，繼續做你剛才做的事。你現在的狀態比先前好太多，更適合決定下一步該怎麼走。

關於作者以及故事提供者

作者簡介

蓋爾．亨崔克斯（Gay Hendricks）

人際關係轉型與身心療法領域的專家，資歷超過四十五年。他拿到史丹福大學諮商心理學博士學位之後，在科羅拉多州大學當了二十一年的諮商心理學教授，隨後成立亨崔克斯學院，在北美、亞洲、歐洲各地開設課程。蓋爾在職業生涯中，已訓練超過八百位企業高層，包括戴爾、惠普、摩托羅拉、荷蘭皇家航空等企業的管理高層。

蓋爾著有四十幾本書，包括 Five Wishes、The Big Leap、Conscious Loving（與結褵超過四十年的妻子 Kathlyn Hendricks 博士合著）等暢銷作品。其中 The Big Leap 與 Conscious Loving 更是全球各大學採用的教科書。二〇〇三年，蓋爾等人成立心靈電影俱樂部，向七十幾個國家的會員提供勵志電影與知性娛樂。

蓋爾在全球各地開設課程，至今已參與五百多個廣播與電視節目，包括 The Oprah Winfrey Show、CNN、CNBC、48 Hours。他近年的興趣是創作懸疑小說。

卡蘿・克萊（Carol Kline）

資歷超過二十五年的作家、編輯、寫手，二十五年來與全球頂尖的轉型專家，合著十四本書，包括與 Jack Canfield 及 Mark Victor Hansen 合著暢銷的心靈雞湯系列的其中六本，另與 Marci Shimoff 合著 Happy for No Reason 與 Love for No Reason，與 Lisa Nichols 合著 No Matter What!，與 Jack Canfield 及 Gay Hendricks 合著 You've Got to Read This Book!。這些書當中的其中五本是《紐約時報》暢銷書。

卡蘿從一九九七年寫作《給寵物飼主的心靈雞湯》的經驗得到啟發，積極投入動物救援工作，並於美國愛荷華州費爾菲爾德創設並經營動物收容所「諾亞方舟動物基金會」。她現與丈夫居住在加州奧海鎮，目前正在進行幾項寫作、商業及服務工作。

故事提供者簡介

葛連・阿岡契洛（Glenn Agoncillo）

（第六章）是一位企業家、天賦開發師、魔術發明家。他目前與他的丈夫 Michael Tawney，以及他們的寵物狗 Fred 一起住在加州長灘。網址：www.glennagoncillo.com。

凱蒂・安德森（Katie Anderson）

（第四章）是 Save Water Co. 創辦人兼執行長。她的企業家精神，以及解決全球水資源問題的熱誠受到各界肯定，她也因此名列《富比士》雜誌的「三十位三十歲以下精英榜」，也是「卡地亞靈思湧動女性創業家獎」北美地區得獎者。她的公司五年來為六萬多戶大樓住宅執行節水措施，節省用水量超過二十二億加侖，延遲超過一千噸的水流入垃圾掩埋場，證明了營利企業也能經營永續社會影響力事業。網址：www.savewaterco.com。

艾利森．阿姆斯壯（Alison Armstrong）

（第八章）是作家與人際關係教育家，將近二十五年來為成年人設計並執行轉型計畫。有關她個人，以及她為男性與女性舉辦的現場課程，請參閱 www.understandmen.com。

大衛．肯恩（David Cain）

（第八章）是作家、企業家，現居加拿大溫尼伯。他所寫的關於幸福感及人類經驗的文章，發表於 www.raptitude.com。

卻莉．坎貝爾（Chellie Campbell）

（第五章）是金錢失調治療師，專治花錢貪食症與收入厭食症。她是財務壓力緩解工作坊的創辦人，著有 *The Wealthy Spirit*、*Zero to Zillionaire*，以及 *From Worry to Wealthy* 等暢銷書。網址：www.chellie.com。

傑克．肯菲爾德（Jack Canfield）

（第四章）是《紐約時報》暢銷書「心靈雞湯系列」，以及 *The Success Principles: How to Get from Where You Are to Where You Want to Be* 的共同作者，也是在《祕密》的原著與電影出現的老師。網址：www.JackCanfield.com。

席妮・戴維斯（Cydney Wayne Davis）

（第七章）是職業歌手、歌曲創作者、演員、聲樂指導，以及劇作家，曾與馬文・蓋、雷・查爾斯、喬・科克爾、瑪麗蓮・麥克、小比利・戴維斯、史提夫・汪達，以及黛安娜・羅絲一同巡迴表演與錄製專輯。她也是二〇一三年美國有色人種協進會戲劇獎最佳女配角獎得主。她的電影作品包括 Basketball Girlfriend，並在電影 Chocolate City 飾演活力十足的「碧翠絲修女」。網址：www.cydneywaynedavis.weebly.com。

莎拉・拉爾曼南（Sara Laamanen）

（第六章）是人類轉型專家，也是臨床催眠治療師、高級快速轉型治療師，幫助客戶擺脫焦慮、慢性憤怒等問題，迅速達成情緒自由。她也積極協助青少年，認為青少年的情緒自由，是世界與人類的重大變革因素。網址：www.saralaamanen.com。

蘇西・摩爾（Susie Moore）

（第五章）是人生教練、答問專欄作家，也是 What If It Does Work Out? 及 Stop Checking Your Likes 二書的作者。她的作品曾登上 Today 秀、Oprah、Business Insider、The Huffington Post、Forbes、Time Inc. 以及 Marie Claire。她也是健康網站 Greatist 的駐站人生教練專欄作家。網址：www.susie-moore.com。

丹尼爾・波曼（Daniel Poneman）

（第四章）是來自芝加哥的二十七歲的運動經紀人，代表NBA、NFL，以及國際聯賽的運動員。他也是 Beyond Athlete Management 的創辦人之一，以及 Shot in the Dark 基金會董事長。該基金會為 501(c)(3) 聯邦所得稅減免的非營利組織，致力協助年輕人以籃球成績，爭取免費就讀大學的機會。他製作數部運動紀錄片，包括二〇一八年二月於 Fox 頻道首映的《在黑暗中投籃》。網址：www.beyond.am。

蜜雪兒．羅伯斯（Michele Roberts）

（第七章）悠遊於無限可能的領域，也促進發現與轉型。她是 Big Leap 教練，也是亨崔克斯領導與轉型課程的畢業生，網址：www.micheleanddean.com。

史提夫．西斯戈（Steve Sisgold）

（第五章）是講者、訓練師、企業主管教練、部落客，也是暢銷書 What's Your Body Telling You? 與 Whole Body Intelligence 的作者。他開設「全身智慧課程」，教導數千名學員減輕壓力、提升表現、改變侷限的思考，創造更真實的人際關係。網址：www.wholebodyintelligence.com。

中英名詞對照表

人物

一至十畫

R・A・薩爾瓦多　R. A. Salvatore
大衛・肯恩　David Cain
小比利・戴維斯　Billy Davis, Jr.
丹尼爾・波曼　Daniel Poneman
尤金・菲爾德　Eugene Field
卡爾・榮格　Carl Gustav Jung
史考特・史塔柏爾　Scott Stabile
史提夫・西斯戈　Steve Sisgold
史提夫・汪達　Stevie Wonder
尼古拉・特斯拉　Nikola Tesla
布魯斯・斯賓斯汀　Bruce Springsteen
田納西・威廉斯　Tennessee Williams
伏爾泰　Voltaire
吉米・卡特　Jimmy Carter
吉爾伯特・基思・卻斯特頓　G. K. Chesterton
安琪拉・普雷多姆　Angela Predhomme
托拜厄斯・沃爾夫　Tobias Wolff
艾利森・阿姆斯壯　Alison Armstrong
艾拉・費茲傑羅　Ella Fitzgerald
亨利・大衛・梭羅　Henry David Thoreau
克里斯・普倫提斯　Chris Prentiss
克莉絲汀・艾凡潔若　Christine Evangelou
貝西伯爵　Count Basie
貝瑞・懷特　Barry White
妮基・羅維　Nikki Rowe
昆西・瓊斯　Quincy Jones
阿曼達・魯莎　Amanda Roosa
阿曼德・哈默　Armand Hammer
卻莉・坎貝爾　Chellie Campbell
威廉・詹姆斯　William James
威爾・史密斯　Will Smith

約納斯・沙克 Jonas Salk
約翰・巴恩斯 John F. Barnes
約翰・杜威 John Dewey
約翰・昆西・亞當斯 John Quincy Adams
英格麗・克雷頓 Ingrid Clayton
唐娜・桑默 Donna Summer
唐娜・塔特 Donna Tartt
席妮・戴維斯 Cydney Davis
拿破崙・希爾 Napoleon Hill
桃莉・巴頓 Dolly Parton
泰戈爾 Rabindranath Tagore
班傑明・密 Benjamin Mee
索發克里斯 Sophocles
馬文・蓋 Marvin Gaye
馬克・安布洛斯 Mark Ambrose
馬克・班奈迪克 Mark Benedict
馬克・維克多・韓森 Mark Victor Hansen
馬提・貝克 Marty Becker

十一畫以上

梅洛蒂・比雅提 Melody Beattie
理察・懷斯曼 Richard Wiseman
莎拉・拉爾曼南 Sara Laamanen
麥特・戴蒙 Matt Damon
傑克・肯菲爾德 Jack Canfield
凱蒂・安德森 Katie Anderson
喬治・倫納德 George Leonard
喬・科克爾 Joe Cocker
絲薇雅・克萊兒 Sylvia Clare
華倫・巴菲特 Warren Buffett
華特・馬修斯 Walter Matthews
葛連・阿岡契洛 Glenn Agoncillo
詹姆斯・喬伊斯 James Joyce
詹姆斯・維拉・布雷克 James Vila Blake
雷・夸克 Ray Kroc
雷・查爾斯 Ray Charles
瑪姬・華瑞爾 Margie Warrell

瑪格麗特・考辛斯 Margaret Cousins
瑪格麗特・桑格 Margaret Sanger
瑪爾西・西莫夫 Marci Shimoff
瑪麗蓮・麥克 Marilyn McCoo
蓋伊・川崎 Guy Kawasaki
蜜雪兒・羅伯斯 Michele Roberts
歐普拉・溫芙蕾 Oprah Winfrey
潔西卡・摩爾 Jessica Moore
緹娜・西利格 Tina Seelig
蓮納・荷恩 Lena Horne
魯米 Rumi
黛安娜・羅絲 Diana Ross
羅伊・班奈特 Roy T. Bennett
蘇西・摩爾 Susie Moore

書籍文獻

《人類的由來》 *The Descent of Man*
《尤金・菲爾德詩集》 *The Poems of Eugene Field*
《心中的光亮》 *The Light in the Heart*
《文集》 *Essays*
《半身人的寶物》 *The Halfling's Gem*
《用思考致富》 *Think and Grow Rich*
《全身智慧》 *Whole Body Intelligence*
《成功原則》 *The Success Principles*
《我們買了動物園》 We Bought a Zoo
《金翅雀》 *The Goldfinch*
《信任你的直覺》 *Trusting Your Intuition*
《勇敢》 *Brave*
《英格蘭簡史》 *A Short History of England*
《專注手冊》 The Centering Book
《從各角度觀看人生》 *Human Life from Many Angles*
《教育與狂喜》 *Education and Ecstasy*
《都柏林人》 *Dubliners*
《酗酒與酒癮治療》 *The Alcoholism and*

Addiction Cure
《富比士》雜誌　*Forbes*
《富有的精神》　*The Wealthy Spirit*
《給女性的心靈雞湯》　*Chicken Soup for the Woman's Soul*
《給寵物飼主的心靈雞湯》　*Chicken Soup for the Pet Lover's Soul*
《萬一有用怎麼辦？》　*What If It Does Work Out?*
《跳動的心與顫慄》　*Beating Hearts and Butterflies*
《慾望街車》　*A Streetcar Named Desire*
《銷售的方法》　*The Method of Selling*
「老手如何勝出」　"How Salty Win Out"
「幸運鎮」　"Lucky Town"
「美好的真實」　"Beautiful Truth"
「頭與心的對決」　"Head vs. Heart"

其他

《在黑暗中投籃》　*Shot in the Dark*
《泰山、珍與獵豹》　*Tarzan, Jane, and Cheeta*
卡地亞靈思湧動女性創業家獎　Cartier Women's Initiative Award
托雷多　Toledo
亨崔克斯學院　Hendricks Institute
坦帕　Tampa
長灘　Long Beach
威爾夏大道　Wilshire Boulevard
浦納　Pune
基洛納　Kelowna
喀拉哈里沙漠　Kalahari Desert
普林帝斯霍爾出版社　Prentice Hall
赫特福德大學　University of Hertfordshire

你不是運氣不好，是不懂提升好運

調整你的內心和思維，從日常生活做起，就能改變運氣

作者 蓋爾・亨崔克斯、卡蘿・克萊（Gay Hendricks and Carol Kline）
譯者 龐元媛
主編 劉偉嘉
校對 魏秋綢
排版 謝宜欣
封面 萬勝安
社長 郭重興
發行人兼出版總監 曾大福
出版 真文化／遠足文化事業股份有限公司
發行 遠足文化事業股份有限公司
地址 231 新北市新店區民權路 108 之 2 號 9 樓
電話 02-22181417
傳真 02-22181009
Email service@bookrep.com.tw
郵撥帳號 19504465 遠足文化事業股份有限公司
客服專線 0800221029
法律顧問 華陽國際專利商標事務所　蘇文生律師
印刷 成陽印刷股份有限公司
初版 2020 年 12 月
定價 320元
ISBN 978-986-99539-1-7

歡迎團體訂購，另有優惠，請洽業務部 (02)22181-1417 分機 1124、1135

特別聲明：有關本書中的言論內容，不代表本公司／出版集團的立場及意見，由作者自行承擔文責。

國家圖書館出版品預行編目 (CIP) 資料

你不是運氣不好，是不懂提升好運：調整你的內心和思維，從日常生活做起，就能改變運氣／蓋爾・亨崔克斯（Gay Hendricks）、卡蘿・克萊（Carol Kline）作；龐元媛譯
-- 初版．-- 新北市：真文化，遠足文化，2020.12
面；公分 --（認真生活；9）
譯自：Conscious Luck : eight secrets to intentionally change your fortune
ISBN 978-986-99539-1-7（平裝）
1. 成功法 2. 生活指導
177.2　　109017291